Magische Orte in der Lüneburger Heide

Kirsten Fock

Autorin und Umschlaggestaltung: Kirsten Fock

Bibliografische Information der Deutschen Nationalbibliothek:
Die Deutsche Nationalbibliothek verzeichnet diese Publikation in der Deutschen Nationalbibliografie; detaillierte bibliografische Daten sind im Internet über http://dnb.dnb.de abrufbar.

Herstellung: Tredition GmbH, Halenreihe 40-44, 22359 Hamburg
Printed in Germany

Verlagshaus Fock, Mittelweg 111, 23743 Grömitz
www.verlagshaus-fock.de

ISBN 978-3-9822140-0-9 Paperback
ISBN 978-3-9822140-1-6 e-book
ISBN 978-3-9822140-2-3 Hardcover

Die eigene Erfahrung hat
den Vorteil völliger Gewissheit.
(Schopenhauer)

Mein ganz herzlicher Dank gilt allen die geholfen haben, dass dieses Buch in die Welt kommen durfte.
Insbesondere danke ich meinen Freunden Bettina, Marion und Harald für die genialen Impulse und die liebevolle Ermutigung.

Inhalt

Übersichtskarte

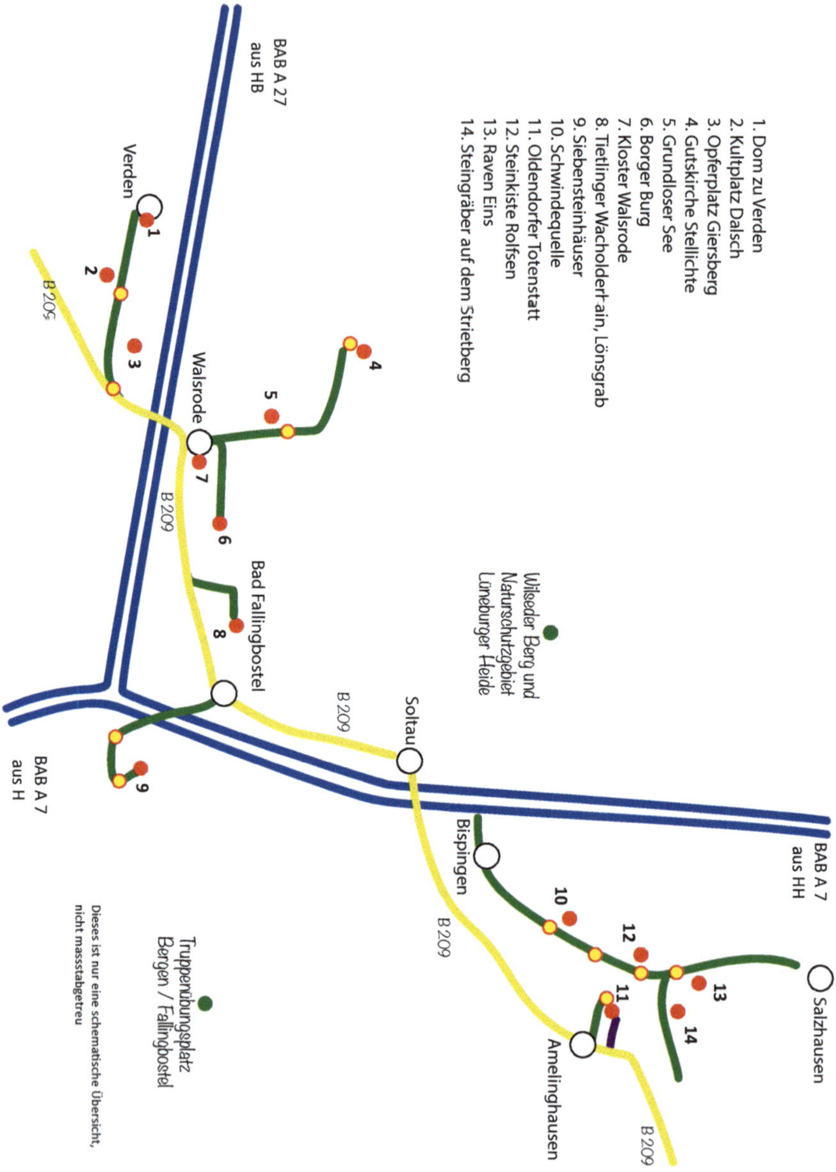

Ein paar Worte vorweg

Anfang der 1990er Jahre fiel mir „Das Kultplatzbuch" von Gisela Graichen in die Hände. Drei der darin beschriebenen Kultplätze lagen in der Nähe meines Wohnortes. Ich besuchte sie umgehend und es entstand eine neue Leidenschaft in mir. Mit der Zeit und durch Gespräche mit Freunden stellte sich heraus, dass noch mehr Orte in der Umgebung sozusagen „Sound" haben. Mit Sound meine ich eine einzigartige Ausstrahlung und Kraft, eine besondere Schwingung. Viele sind durchaus Sehenswürdigkeiten in der Region. Mir geht es aber um eine Sammlung von Orten, die sich besonders anfühlen. Manche möchte ich sogar als heilig bezeichnen, weil ich dort heilende Erfahrungen gemacht habe. Die Worte heilig und heilen haben ja bekanntlich den gleichen Wortstamm. Da braucht es einen nicht zu wundern.

Manche der Plätze sind auf den ersten Blick völlig unscheinbar und nur noch als archäologische Fundstellen bekannt. Andere Stellen wurden vor mehr als 1000 Jahren christlich überbaut, was man bei vielen anderen historischen Kirchenbauten in ganz Europa genau so feststellen kann.

Alle hier genannten Plätze sind öffentlich zugänglich. Einzig die „Siebensteinhäuser" sind nur am Wochenende zu besichtigen, da sie mitten in einem Truppenübungsplatz liegen auf dem unter der Woche für den Ernstfall geprobt wird. Seit Jahrtausenden suchten sich die Menschen besondere Orte für rituelle und religiöse Zwecke aus. Die Weltsicht war mystischer, ganzheitlicher als unsere heute. Das Unsichtbare war Bestandteil des Lebens, einfach ebenso real wie die Dinge, die man anfassen kann. Andere Zusammenhänge zwischen den Ereignissen wurden wahrgenommen.

Für uns wirkt es heute so unglaublich und altmodisch. Gleichzeitig ist unsere Zeit auf eine andere Weise sehr virtuell. Für uns ist es selbstverständlich mit Menschen am anderen Ende der Welt zu sprechen und sie auch zu sehen, wenn wir es wünschen.

Einfach via Internet eine Verbindung aufmachen und Reden, Lachen, Sehen. In Echtzeit können wir uns die Erde aus dem Weltraum ansehen oder uns per Live-cam an beliebige Orte begeben. Virtuell durch die Straßen irgendeiner Stadt gehen und uns dort sogar um 360° umsehen. Das alles von dem Sofa aus. Paramahansa Yogananda konnte es ohne Technik und die australischen Aborigines auch. Sie haben die englischen Kolonialisten am Anfang ganz schön verwirrt. Erst war er hier und dann gleich an einer anderen Stelle. Die Menschen konnten noch ohne Technik miteinander kommunizieren. Klingt fantastisch, ist aber so. Wir modernen Menschen haben nur ausgeblendet, dass wir dazu immer noch in der Lage sind.

Trotz aller Technik haben wir wie in grauer Vorzeit unsichtbare Götter, nur heißen sie nicht mehr Thor, Zeus, Vater Sonne, Mutter Erde oder sonst wie. Die Götter unserer Welt heißen Macht, Geld, Erfolg, Jugend und Schönheit. Sie werden intensiv verehrt. Genauso intensiv wie Götter eben seit Urzeiten vom Menschen verehrt wurden. Der Mensch braucht Glauben. Jeder glaubt an irgendetwas und sei es an die Unfehlbarkeit der Wissenschaft oder die Allmacht des Verstandes. Wir sind ja modern und fortschrittlich, nur hat sich im Grunde am Menschsein überhaupt nichts geändert. Die Inhalte der Anbetung sind ausgetauscht. Selbst ein überzeugter Atheist glaubt bei Licht betrachtet an etwas, nur meistens bemerkt es nicht oder leugnet es sogar. Glauben gehört zum Menschsein wie das Atmen und der aufrechte Gang.

Es macht einen Unterschied, ob man sich an einen Ort begibt oder Bilder betrachtet. Ich stand mal auf einer australischen Hochebene. Scheinbar endlose Weite. Die Luft flirrte vor Hitze. Es war dort so um die 40°C heiß oder mehr. Eine gradlinige Straße schmaler werdend bis zum Horizont. In der Entfernung ein paar einsame Häuser und irgendwo fern am Rand erhoben sich ein paar Berge als Begrenzung. Sonst nichts. Über mir der hohe Himmel. Es war unglaublich beeindruckend dort zu stehen und die Weite in allen Richtungen zu erleben.

Um diesen Augenblick festzuhalten machte ich Fotos. Einmal rundherum. Als ich später die Fotos ansah, war nichts darauf. Nichts von diesem grandiosen Erleben war aufs Bild gekommen. Belanglose, nichts sagende Bilder. Ich war so enttäuscht.

Ich war enttäuscht, weil ich der Täuschung unterlegen war, dieses Erleben festhalten zu können. Diesen Eindruck der Landschaft kann ich nur in der Erinnerung im Ganzen bewahren und hin und wieder wach rufen. Die Fotos geben das nicht her.

In einem Sommer saß ich im Nordwesten Dänemarks auf einer Steilküste um den Sonnenuntergang im Meer zu fotografieren. Mehrere Menschen hatten sich mit mir dort versammelt um das Schauspiel zu beobachten. Alle waren mit Kameras ausgerüstet. Vom Profi mit Stativ bis zum Handy fürs Selfie war alles dabei. Die Sonne näherte sich mit prächtigem Farbenspiel dem Horizont. Rundherum klickten die Auslöser. Auch ich beobachtete durchs Objektiv die untergehende Sonne. Wie im Schattenspiel ruderte ein Mann im Kanu durch das Bild. Wunderhübsch.

Da musste ich plötzlich den Fotoapparat sinken lassen und endlich beginnen den Sonnenuntergang ganz wahrzunehmen, nicht mehr beschränkt durch das Objektiv. Lustiges Wort an dieser Stelle. Objektiv weg – Subjektiv her. Erleben ist subjektiv, oder was?

Wenn ich hier jetzt eine Anzahl von Kultstätten, Megalithanlagen oder Orten in der Natur beschreibe geht es mir nicht um eine wissenschaftliche Betrachtung, sondern um mein ganz persönliches Erleben an diesen Plätzen. Dem was Leben für mich bedeutet wieder auf die Spur zu kommen. Was bedeutet Leben eigentlich wirklich abseits aller meiner vorherigen Meinungen?

Wissenschaftliche Untersuchungen überlasse ich gern anderen Fachleuten, wie Archäologen, die vorsichtig die Erde und den Sand beiseite räumen und Artefakte ausgraben. Später in den Museen werden die Funde datiert und restauriert. Es werden viele Erkenntnisse zu den Lebensverhältnissen der Menschen in der jeweiligen Periode gewonnen.

Andere Menschen, die sich mit Radiästhesie oder Geomantie beschäftigen schauen aus einer anderen Warte auf solche Orte. Sie bestimmen z.B. mithilfe eines Pendels die Qualitäten und Energien eines Platzes. Es ist auch eine interessante Beschäftigung und bereits seit alten Zeiten überliefert.

Ausführliche geomantische Betrachtungen und umfangreiche Beschreibungen zu Megalithanlagen und Kirchen sind in dem Buch „Magisch Reisen Deutschland - Wo die Seele Kraft tankt“ von David Luczyn enthalten. Für diejenigen, die mehr darüber wissen wollen, habe ich das Buch im Literaturverzeichnis gelistet. Mir ist das alles einfach zu viel Zerlegung. Überall umgibt mich in unserer Welt Zerstückelung in immer kleinere Teile. Irgendwie verliere ich dabei den Überblick. Anscheinend bin ich aber nicht allein mit diesem Empfinden. Wir haben so viele Fachleute, aber wo sind solche Universalgelehrten wie Da Vinci oder auch Goethe? Gibt es die noch?

Ich halte es für wichtig die Wahrnehmung solcher heiligen Orte einmal ganz unwissenschaftlich und eher mystisch zu beschreiben. Den Ort mit meinem ganzen Sein wahrzunehmen und zu fühlen. Das Ganze ist mehr als bloß die Summe seiner Teile.

Endlich wieder Kontakt zur Natur und dem uns überall umgebenden Lebendigen aufzunehmen. Schließlich ist, zumindest für mich, Leben und auch der Mensch mehr als nur eine Ansammlung biochemischer Prozesse.

Im Labor ist es bis jetzt nur gelungen aus etwas Lebendigem etwas anderes Lebendiges wachsen zu lassen. Niemals aus nur dem Zusammenfügen der chemischen oder molekularen Bestandteile ist im Labor neues Leben entstanden. Die Vielfalt der verschiedenen Lebensformen auf ein paar Quadratmetern Gelände ist für mich schon beim Zuschauen beeindruckend. Dabei ist dann in so einem Biotop auch noch alles fein abgestimmt, doch niemals wirklich statisch. In diesem Jahr gedeiht diese Pflanze und jenes Insekt und im nächsten Jahr haben sich die Arten in Anzahl und Verbreitung wieder verschoben. Andere Lebewesen sind dran.

In der Natur und insbesondere an Heiligen Orten in der Natur kann ich zur Ruhe kommen und entspannen. Daher ist es, wahrscheinlich nicht nur für mich, viel leichter wieder in Kontakt zu meinem Selbst, zu dem was mich ausmacht, zu kommen. Meine inneren Stimmen zu hören und die Impulse für mein Leben wieder wahrzunehmen. Abseits des menschlichen Getriebes in der Natur und mit der Natur zu meditieren.

Wir Menschen haben einen Körper, einen Verstand und Gefühle. Heute beherrscht der Verstand unser Leben in beinah allen Bereichen. Wir haben großartige technische Leistungen erbracht. Und dennoch sind wir mehr. Vor den Erfindungen war immer die Idee als erstes da. Woher kommt die Idee?

Eine Idee entsteht aus dem Geistigen, der Schöpferkraft in uns. Sie entsteht aus Wissen, aber auch aus etwas, dass über alles Wissen hinausgeht. Mehr Übersicht hat als der Verstand. Die Intuition. Sie ist Wissen und Gefühl und noch etwas weiteres. Jeder Mensch hat Intuition und folgt ihr auch mehr oder weniger. Die Intuition führt mich zu meinem individuellen Ausdruck im Leben.

Zu meinem individuellen Sinn, warum ich hier bin. Heute wird dafür gern das Wort Bauchgefühl benutzt. Ich jedenfalls fühle die Handlungsanweisungen der Intuition in Höhe des Solarplexus, damit ist Bauchgefühl nicht so daneben. Auch wenn der Bauch gelegentlich mal nicht aus Intuition spricht, sondern aus schlichten Verdauungsstörungen.

Die Inspiration führt mich zu meiner einzigartigen Kreativität, damit ich ihr Ausdruck verleihe, denn dazu bin ich hier auf diese Welt gekommen. So wie jeder andere auch. Inspiration, die dem Zugang zu einem morphogenetischen Feld, einem Feld höherer Ordnung entspringt. Oder einfacher: Sie kommt vom Himmel.

Körper, Verstand, Herz, Intuition und Inspiration zusammen sind meine innere Weisheit.

Ich versuche hier vieldimensionales Erleben in linearer Sprache abzubilden. Die Heiligen Orte mit Sound sind etwas unbeschreiblich Ganzes.

Wenn ich mich aufmache so einen Ort zu besuchen, halte ich es für wichtig all die Sorgen und negativen Gedanken vor dem Eingang zurückzulassen. Ich stelle immer eine virtuelle Kiste vorm Eingang ab. Da hinein kommen alle meine negativen Gedanken und mein Forscherdrang. Wenn ich hinausgehe nehme ich sie wieder mit. Beim Begehen eines Ortes darf gern meine Freude und Liebe zum Leben mit, etwas Neugier ist auch erwünscht. Mehr aber nicht. Manchmal, so ist meine Eindruck, verändern diese Plätze ihren Sound, abhängig von dem Tag und der Zeit, an dem man sie besucht. Für mich hat Zeit nicht nur eine Quantität, sondern auch eine Qualität.

Ich wünsche viele wunderbare Stunden an diesen Heiligen Plätzen.

Der Dom zu Verden

Verden/Aller liegt nicht mehr oder noch nicht in der Lüneburger Heide, doch weil der Dom so beeindruckend ist, habe ich ihn mit aufgenommen. Die Südheide beginnt nur etwa 20 km nordöstlich von Verden. Daher der Abstecher.

Schon bei der Anfahrt auf Verden von Westen erblickt man den Verdener Dom als prägenden Bestandteil der Stadtsilhouette. Er sieht trutzig wie eine Burg aus und erscheint auf den ersten Blick nicht als Kirche. Der quadratische Turm ist nur wenig höher als das riesige alles dominierende Dach des Kirchenschiffs. Die Stadtansicht vom westlichen Allerufer könnte glatt ein Caspar David Friedrich Motiv sein, insbesondere dann, wenn im Sommer auf den Allerinseln die Pferde weiden.

Die Stadt Verden war viele hundert Jahre zweigeteilt. In die eher bürgerliche Nordstadt mit dem Rathaus und Stadtmauer. Angrenzend die Südstadt mit den Fischerhäusern direkt am Allerufer, deren Mittelpunkt der Dom als geistiges, geistliches Zentrum war. Heute ist von der Teilung nichts mehr zu erkennen. Eine Fußgängerzone führt vom Rathaus zum Dom. Hübsche Häuser säumen den Bereich, die Verdener „shopping mall“. Der Platz vor dem Domeingang heißt „Lugenstein“ und dort kann man mit Ausblick auf den Dom Essen und Trinken.

849 wurde der Dom St. Marien und Cäcilia erstmalig urkundlich erwähnt. Natürlich stand noch nicht dieses imposante Gebäude. Zunächst standen dort nacheinander hölzerne Kirchen. Sie wurden jedes mal durch Feuer zerstört. Kurz nach der ersten Jahrtausendwende entstanden in den folgenden zweihundert Jahren Steinbauten. 1290 wurde der Grundstein für den heutigen Dom gelegt. Ursprünglich sollte er eine gotische Kathedrale mit zwei Türmen werden. Nur die Basis des Südturms wurde erbaut und bekam ein Dach. Dieses Dach wurde 1737 durch einen Sturm zerstört und durch das heutige ersetzt.

Im 13. Jahrhundert war Verden schon ein mächtiges Bistum und hatte auch schon mehr als 300 Jahre lang Markt-, Münz- und Zollrecht sowie eigene Gerichtsbarkeit. Es hatte also schon sehr früh Stadtrechte. Geweiht wurde der Dom 1490 nach dem bereits 200 Jahre an ihm gebaut wurde mit einem halbfertigen Turm. Die Träume einer gotischen Kathedrale im Stile des Kölner Doms versanken im Heidesand oder doch im Allerschlick? Vielleicht auch beides.

Da Teile der vorhergehenden Steinkirchen in den neuen Dom integriert wurde, kann man äußerlich verschiedene Baustile erkennen. Der Innenraum enthielt bis ins 16. Jahrhundert etwa 40 einzelne Altäre in kleinen Kapellen wie man es aus anderen Kathedralen kennt. In der ersten Hälfte des 19. Jahrhunderts wurde der Innenraum komplett umgestaltet und ist seither aus einem Guss. Bei allen Vorgänger-Kirchen blieb der Altar am gleichen Platz. Erst im „Neubau" wurde der Altar weiter nach Osten verlegt. Ob nun schon 1490 oder erst später, kann ich nicht mit Gewissheit sagen. Wenn ich eine Kirche besichtige und es zulässig ist, trete ich gern einen Augenblick vor den Altar und fühle hinein. Meine Wahrnehmung vor dem Verdener Altar ist nicht erhebend oder das Herz öffnend, sondern sehr irdisch. Etwas zieht mich schwer nach unten. Der heutige Altar stammt von 1830. An dem Platz an dem der Altar in den Vorgängerkirchen stand ist eine Steinplatte im Boden eingelassen. Stelle ich mich dort neben den Holztisch, der über der Bodenplatte steht, so geht mein Herz auf. Es ist warm und schön.

In der dänischen Kirche St. Catharinen in Hjörring habe ich etwas Vergleichbares erlebt. Dort war die erste Kirche irgendwann zwischen 1000 und 1200 gebaut und dann so zwischen 1820 und 1840 wurde sie zu klein für die Bevölkerung. Also bauten sie quer eine größere Kirche an und machten den Altarbereich der alten Kirche zu einer Seitenkapelle. Da der Altar aber am Ende des Langschiffes stehen muss, wurde er umgesetzt. So verlor er die Ostausrichtung. Auch er zog mich nach unten auf die Erde.

Besonders bemerkenswert fand ich in der Seitenkapelle, dass der ehemalige Altarbereich mit einer elektronisch gesicherten Kordel abgesperrt war. Daher konnte ich nur bis an die Absperrung treten, aber dort waren die Energien schon deutlich fühlbar. Reines Herz. Ich hatte den Eindruck auch das war nicht zufällig so.

Beide Altäre, sowohl im Dom als auch in der dänischen Kirche, wurden in der ersten Hälfte des 19. Jahrhunderts verstellt. Ich könnte mir vorstellen, dass es beabsichtigt war den mystischen Vorstellung des Mittelalters ein Ende zu bereiten. Möglicherweise konnten oder wollten die Umbauer die Energien nicht mehr spüren. Es hatte ja gerade die Neuzeit angefangen, ein zerlegtes und mechanistisches Weltbild war entstanden. In einem mechanischen Weltbild ist es doch unerheblich, wo der Altar steht. Sicherlich wollten die Menschen vor 200 Jahren, genauso wie wir heute, modern und fortschrittlich sein. Es war ja eine Zeit voller Entdeckungen und kurz vor dem Beginn der Industrialisierung. Die ganze Gesellschaft war in Bewegung, erste demokratische und freiheitliche Gedanken kamen aus Frankreich in Deutschland an und gewannen schnell Anhänger. Ganz anders wurden vorher solche Plätze gewählt. Die Altvorderen suchten den Platz für den Altar sehr bewusst aus. Die Qualität des Ortes musste stimmen und die Kirche wurde sozusagen drumherum gebaut.

Der Dom hat Sound. Ich arbeitete Ende der 1980er zwei Jahre in Verden und wollte mir immer mal den Dom ansehen. Als ich dann eines Tages eine Postkarte mit der Innenansicht sah, schoss mir nur ein Gedanke durch den Kopf und Körper: „Da kann ich nicht reingehen!"... Ich hab es auch sein lassen, damals. Erst 20 Jahre später habe ich mich dorthin getraut und das auch nur in Begleitung - zu einem Konzert. Dvořáks Stabat Mater gesungen vom Verdener Domchor. Tagelang hatte ich noch mit den Nachwirkungen des Konzertabends zu tun. Die Energien arbeiteten in mir. Mein Bruder erzählte mir, dass es ihn bei seinem ersten Besuch des Doms tatsächlich auf die Knie geworfen hat. Daher musste der Verdener Dom mit in dieses Buch.

Sicherlich gehört eine gewisse Sensibilität dazu, so etwas zu erleben. Ich schätze den Anteil auf maximal 20% der Menschen, die unmittelbar so fühlen - mit anderen Worten für 80% ist es einfach eine sicherlich beeindruckende Kirche, aber mehr auch nicht. Ich bin überzeugt davon, dass auch die 80% etwas davon spüren können, wenn sie daran üben. Jeder Mensch fühlt sogar ständig. Es ist etwas, das uns seit der Geburt innewohnt. Die Intensität ist sicher unterschiedlich und die Bereitschaft das zur Kenntnis zu nehmen und zu benennen sicher auch. Die Orte, die ich hier vorstelle sind alles Orte, an denen man wunderbar üben kann sein Herz zu spüren und vielleicht auch zu öffnen. Auch andere Qualitäten sind an den Orten vorhanden.

Der Eingang zum Dom befindet sich in dem Fachwerkhaus am Lugenstein zu Füssen des Domes. Früher beherbergte es die Domschule. Vorbei am Dombüro betritt man dann einen Säulengang,der bereits zu dem ehemaligen Dormitorium gehört, das den Dom an zwei Seiten umgibt. Durch die romanischen Säulen schaut man in die Reste des ehemaligen Kreuzganges. Als erstes betritt man die Vorhalle des Domes. Von dort aus geht es in die „Krypta“. Das Gewölbe der Krypta wird von einer massiven Säule getragen und beherbergt heute Gedenksteine für die Kriegsopfer. Von der Vorhalle führt eine Treppe hinauf in die Sakristei, die heute ein Raum der Stille ist und zum Gebet oder einer Meditation einlädt. Eine schwere Eichentür führt dann in das nördliche Seitenschiff und man betritt diesen majestätischen Dom und Bischofssitz. Wenige Schritte später öffnet sich mit dem Langschiff dann quasi der Himmel über mir. Rechterhand liegen Informationsmaterialien aus. Ich gehe zunächst ohne Infos in den Dom, zunächst einfach nur Fühlen und Wahrnehmen. Eine Runde zum Einfühlen in das großartige tausendjährige Bauwerk. Erst im zweiten Rundgang füttere ich meinen Verstand mit Daten. So macht es mir einfach mehr Spaß. Einfach mal in einer der Bänke auf der rechten oder linken Seite Platz nehmen und fühlen. Die rechte Seite war über lange Zeit die Männerseite, während die Frauen und Kinder auf der linken Seite sitzen mussten.

Durcheinander sitzen war nicht erlaubt . Dies ist übrigens in allen Kirchen bis ins beginnende 20. Jahrhundert so gewesen. Ein Radiästhet würde jetzt ungefähr sagen: „Ja, das muss so sein, weil es für die Pastoren wichtig war männliche Energien zu bekommen. Wenn die Menschen durcheinander sitzen gelingt es nicht."

Als ich mich einmal früh am Morgen im Dom ganz allein aufhielt war die Absperrung zur Kanzeltreppe nicht eingehängt. Da konnte ich der Versuchung nicht widerstehen einmal dort hinauf zu steigen. Ich stand also in der Kanzel und sah in das Kirchenschiff hinunter. Hier oben war so eine starke Energie, dass ich beinahe angefangen hätte eine flammende Rede vor den leeren Kirchenbänken zu halten. Hier im norddeutschen Sprachraum sagt man gern an solcher Stelle von Ausschimpfen: „Ich hätte die ganze Gemeinde konfirmieren können." Schnell stieg ich wieder hinab. Es war ja niemand zum Konfirmieren anwesend. Nun ja, der Verdener Dom ist keine normale Kirche. Fast Tausend Jahre war er die Hauptkirche eines riesigen und mächtigen Bistums. Bischofssitz. Das Bistum Verden erstreckte sich im Norden bis Hamburg-Harburg und im Osten bis in die Altmark, fast nach Havelberg. Vor Tausend Jahren war wochenlanges Reisen nötig um von einem zu anderen Ende zu gelangen. Wie so ungefähr alle Kirchen wurde der Dom auch als Begräbnisplatz genutzt. Neben dem westlichen Eingangsportal steht bis heute ein mächtiger Sarkophag des Bischofs Phillip-Sigismund von Braunschweig-Wolfenbüttel. Es ist das jüngste und augenscheinlichste Grabmal von insgesamt vier Bestattungen. Bemerkenswert ist auch die Doppeltumba zweier Brüder aus der Mitte des 16. Jahrhunderts. Der eine war der letzte katholische Erzbischof von Bremen, Christoph von Braunschweig-Wolfenbüttel. Sein Bruder Georg war dann der erste lutherische Bischof von Bremen. In der Mitte des ersten Jahrtausends war der Adel nicht besonders mächtig in Niedersachsen. Karl der Große regierte im fernen Aachen. 782 so ist es überliefert, zog Karl gegen die von Widukind geführten Sachsen und ließ 4500 Menschen bei der Mündung der Aller in die Weser bei Verden ermorden. Sie wollten nicht den christlichen Glauben annehmen.

So wird es überliefert. 1934/35 wollte die NSDAP in Verden-Dauelsen 4500 Findlinge aufstellen lassen um einen Kult- und Thingplatz, den Sachsenhain, zu errichten. 4500 Findlinge sind es nicht geworden, dennoch stehen dort viele Steine. Seit der Zeit ist der vorher als Held gefeierte Widukind als Held des Widerstands vergessen und stattdessen wurde Karl der Große zum Helden und Einiger Europas gemacht.

Findlinge mit Rillen oder Schälchen sind auch im Sachsenhain zu finden. Dadurch sind wohl einige Megalithanlagen im Verdener Raum unwiederbringlich zerstört worden, ohne jemals irgendwo dokumentiert gewesen zu sein. Ein Kultplatz ist der Sachsenhain nie gewesen. Heute gehören die Gebäude um diese heute noch dastehenden Findlinge der evangelischen Landeskirche und werden für Freizeiten und Seminare genutzt. Meine Tochter sollte dort über ein Wochenende eine Konfirmandenfreizeit verbringen. Gleich nach der ersten Nacht musste ich sie schnell abholen. Sie hatte sich die ganze Nacht übergeben müssen, obwohl sie gesund und munter dorthin gefahren ist. Zuhause angekommen war sie sofort wieder quitschfidel. Es ist einfach so richtig mies dort, im Wortsinn zum Kotzen. Der Sachsenhain ist öffentlich zugänglich und gut ausgeschildert. Also, wer möchte, kann auch ihn besuchen.

So, Karl hat die widerspenstigen Sachsen besiegt. Aus strategischer und machtpolitischer Sicht macht es ja dann auch Sinn, den heiligsten Ort der Sachsen mit einem Dom und Bischofssitz zu überbauen. Das schwächt den Gegner an einer entscheidenden Stelle. Aus meiner Sicht der Ort, an dem bis heute der Dom steht. Möglicherweise ist die Überbauung eines vielleicht viele Tausend Jahre alten Kultplatzes und für die Region zentralen Kraftortes, auch ein Grund für die Vormachtstellung des Bistums Verden, die sogar noch über die Reformation hinaus reichte. Viele Kathedralen wurden inzwischen radiästhetisch untersucht und überall wurden bauliche Maßnahmen zur Energielenkung und Fokussierung auf bestimmte Punkte festgestellt. Die Kanzel des Domes ist so ein Ort der gezielten Energiebündelung.

Schriftlich ist zu einer Überbauung eines Kultplatzes nichts überliefert und Ausgrabungen sind nicht möglich, steht ja ein gewaltiger Dom drauf. Trotzdem hat es für mich eine hohe Wahrscheinlichkeit.

Nach einem Besuch im Dom saß ich im Straßencafe beim Kaffee und plötzlich sah ich statt der modernen Fußgängerzone Kutschen und Fuhrwerke. Frauen in dunklen langen Kleidern mit großen Hüten auf dem Kopf und Körben am Arm gingen durch die Straße. Hunde und Kinder tollten dazwischen herum. Hoppla, ein Zeitsprung.

Und nun zu etwas ganz anderem... Ein Stück vom „Lugenstein" die „Untere Straße" hinunter liegt das Domherrenhaus. Früher Wohnstatt und Sitz der Domherren mit barockem Innenhof. Heute ist es ein historisches Museum und einen Besuch wert. Neben Ausstellungen zur Verdener Stadtgeschichte und alten Werkstätten verschiedener Handwerker sind auch Zinnfiguren zu sehen. Im Untergeschoss ist ein Jagdspeer ausgestellt, der vor einigen Jahren in der Nähe des Ortes Lehringen östlich von Verden in einer Lehmgrube zusammen mit Elefantenknochen gefunden wurde. Deren Datierung mittels der C14-Methode ergab dann sensationelle 120.000 Jahre vor unserer Zeitrechnung. Lehringen liegt im übrigen an dem Flüsschen Lehrde. Die Lehrde mündet etwas weiter südlich dann in die Aller. Zur Bedeutung der Lehrde für diese Region und Niedersachsen komme ich an anderer Stelle.

Anfahrt:
aus Richtung Bremen
A27 Ausfahrt Verden Nord
einfach der Ausschilderung Zentrum folgen
dann ist der Dom nicht mehr zu übersehen

Aus Richtung Hannover
A27 Ausfahrt Verden Ost, links Richtung Zentrum
Parkplätze gibt es rund um die Fußgängerzone

Der altgermanische Kultplatz am Dalsch

Am Rand einer eiszeitlichen Grundmoräne mit Blick auf die Allerniederung liegt dieser heilige Ort etwas zurück im Wald. Wieder lädt ein Platz zu einem kurzen Pilgerweg ein. Auf dem breiten Wirtschaftsweg lässt es sich gut wandern. Rechts hat man einen schönen Blick in die Allerniederung während sich links ein bewaldeter Hang erhebt. Der Weg führt am Fuß des Hanges entlang.

Nach kurzer Zeit erreichen wir das Fliegergrab auf der rechten Seite. Wir statten ihm einen Besuch ab. Auf den Tag ein Jahr vor Ende des zweiten Weltkriegs ist dort ein amerikanisches Jagdflugzeug abgestürzt, wobei der Pilot ums Leben kam. Wasser hat sich in der Absturzstelle als kleiner Tümpel gesammelt. Der Verdener Rotary Club hat dort einen Gedenkstein aufgestellt und pflegt den Platz bis heute. Der Pilot wurde aus dem Wrack geborgen und in den Ardennen auf dem Militärfriedhof beigesetzt.

Zurück auf dem Weg geht es weiter immer geradeaus. Jenseits der Schutzhütte wird es langsam für Fühlige interessant. Das unsichtbare Tor kommt. Die Bäume bilden durch ihre Äste einen lichten Tunnel. Wenige Schritte weiter geht es links einen Weg hinein. Fahrspuren sind im Gras zu sehen. Der Wald wird ja bewirtschaftet.

Da ist schon die heilige Anhöhe auf der linken Seite. Beim Erklimmen bemerken wir sofort, wie wir in eine Stille eintreten. Alle Geräusche sind fern, wie durch Glaswände abgeschirmt. Der Platz ist wie eine natürliche Bühne. Auf der Seite fällt er steil ab um sofort darauf wieder in einen noch höheren Steilhang überzugehen. Der Steilhang wirkt wie eine Tribüne auf dem gleich das Publikum Platznehmen wird, damit es dem Schauspiel folgen kann. Wenn ich an die vordere Kante gehe, habe ich jedes Mal das Bedürfnis die Arme auszubreiten.

Das Herz geht auf. Der Platz selbst ist links mit Kuhlen und Erhebungen recht uneben. Nach rechts bildet er eine größere flache Stelle. Die Archäologen haben dort Pflugspuren und Brandreste gefunden. Wohl Reste von rituellen Handlungen für Fruchtbarkeit und gute Ernte. Wer weiß schon, was sich hier vor 3000 Jahren so zugetragen hat.

Die Unebenheiten auf der anderen Seite sind auch durch den Abtransport der Findlinge entstanden. Im 18. und 19. Jahrhundert wurden solche Steine gern als Baumaterial verwendet. Die Fachwerkhäuser wurden auf Feldsteinfundamenten aufgebaut. Anders als unsere heutigen Betonfundamente ziehen sie kein Wasser. Richtig angeordnet sorgen so große Steine auch für eine positive Energie im Innenraum.

Die Altvorderen beachteten noch solche Wirkungen. Schließlich sollte ihr Wohnort das Leben unterstützen und nicht durch Krankheiten für sich und das Vieh behindern.

Die Findlinge unterstützten oder fokussierten nach meiner Ansicht die Energien der Stellen an denen sie platziert wurden. Findlinge oder Steine im Allgemeinen haben wie die Erde auch Pole. Einen Nord- und gegenüber einen Südpol. Nimm doch einmal verschiedene Steine in die Hand und dreh sie hin und her. Probiere es mal mit glatten Seiten und dann mit Bruchkanten. Fühlst du den Unterschied?

Ich glaube nicht daran, dass die Findlinge zufällig dort lagen. Anhand der vielen Megalithanlagen in ganz Europa wissen wir ja, dass unsere Vorfahren gezielt auch riesige Steine an ausgewählten Orten aufgestellt haben. Dabei verfügten sie nicht über solch starke Baumaschinen wie wir heute. Ein unglaublicher Kraftakt. Solche Kraft kann der Mensch nur entwickeln, wenn ihm etwas überlebenswichtig ist. Denke ich jedenfalls.

Ich besuchte diesen Ort vor Jahren mit zwei Freunden, die sich mit Radiästhesie beschäftigten. Sie untersuchten den Platz sehr sorgfältig und definierten die Qualitäten an den verschiedenen Stellen. Männlich, weiblich, Herz, Solarplexus und noch vieles mehr. Ich hab die Einzelheiten vergessen, es war so viel Zerlegung.

Seit langem besuche ich die Orte einfach so. Ich habe dann das Bedürfnis zu einem bestimmten Ort zu fahren und mich dort aufzuhalten. Es ist als ob der Ort mich ruft. Ich folge. An dem Ort selbst gehe ich hin und her. Ich bleibe dann an der Stelle stehen, an der es sich vollständig und angenehm anfühlt. Ich habe Vertrauen, dass meine Füße sich an die Stelle begeben, deren Qualität ich gerade benötige um wieder in meine Mitte zu gelangen. Vielleicht benötigt auch der Ort gerade jetzt meine Qualitäten, einfach so.

Nachdem sich das Gefühl von „genug“ eingestellt hat, gehe ich weiter. Mein ganzes Sein weiß es einfach. Der Verstand bleibt dabei eine Zeitlang außen vor. Er wird nicht benötigt und darf eine Pause machen.

Manchmal habe ich den Eindruck, dass nicht nur der Platz mir gut tut, sondern auch umgekehrt tut meine Anwesenheit dem Platz gut. Warum? Keine Antwort vom Verstand.

Anfahrt:

L160 von Verden Richtung Walsrode, in Hohenaverbergen vor der Ampel rechts Richtung Kriegsgräberstätte,
gerade aus, vor dem Friedhof links auf den Waldweg, links halten bis die Durchfahrt verboten ist,
ab dort zu Fuß geradeaus dem breiten Weg folgen, nach ca. 1 km,
an dem Fliegergrab, den Fischteichen und der Schutzhütte vorbei bis links der Wegweiser zur Kultstätte kommt,
links in den Hohlweg abbiegen
der Kultplatz liegt links auf der Anhöhe.

Ein außergewöhnliches Erlebnis auf dem Dalsch

Meine geschätzte Freundin Marion hat ebenso wie ich ein großes Interesse an besonderen Orten. Ich erzählte ihr also von dem alten germanischen Kultplatz am Dalsch. Marion hat eine hohe feine Wahrnehmung.

Am 7. April 2012 machten wir uns ganz spontan auf den Weg dem alten Platz einen Besuch abzustatten.

Wir spürten bereits bei der Annäherung die starke Ausstrahlung des Ortes. An einer Stelle des breiten Waldweges ist so etwas wie ein Eingangstor zu fühlen, durch das man den heiligen Bereich betritt. Für die Augen ist es unsichtbar. Wir bitten um Einlass und er wird uns gewährt.

Nach Kurzem bogen wir links in einen Waldweg ein, der zu dem alten Kultplatz führt. Wir stiegen also auf den Hügel. Wir fühlten uns in den Ort ein, gingen hin und her, blieben hier und dort stehen. Fühlten die Zeit- und Raumlosigkeit des Platzes. Marion schwang sich ein.

Da mir der Ort bereits vertraut war, begab ich mich nach einer Zeit an die vordere Kante des Hügels. Sie zog mich einfach an. Es ist wie auf einer Bühne oberhalb des Publikums, das gegenüber auf der Böschung Platz genommen hat. Dort empfand ich jedes Mal starke Herzenergie. Meine Arme zog es zur Seite und nach oben. Mein Körper tat es einfach und mein Verstand schaute zu, abwartend was weiterhin so passieren würde. Kein Eingreifen mehr möglich – wozu auch.

Einfaches geschehen lassen.

So stand ich eine Weile dort und nach kurzer Zeit sanken die Arme wieder herab. Marion gesellte sich an meine Seite.

Sofort fing mein Körper an zu Zucken, der Verstand verschwand. Ich sah vor meinem inneren Auge nur einen starken weißen Lichtstrahl, der von oben durch mich hindurch bis zum Erdmittelpunkt zu fließen schien.

Mein Körper wurde durchstrahlt und konnte dieses Licht nur mit Zittern durchleiten. Zuerst von oben nach unten und dann wechselte es die Richtung und verstärkte sich noch. Ganz deutlich floss etwas von unten nach oben in die Unendlichkeit, immer noch durch das starke weiße Licht hindurch.

Es war etwas wie Trance oder Ekstase. Alles um mich herum verschwand, war bedeutungslos, einfach nicht mehr vorhanden. Nicht einmal mehr meine Freundin. So standen wir wohl minutenlang dort.

Dann kehrte die Realität zurück und wir beide standen berührt da. Nach einer Weile sagte Marion: „Wir haben gerade Hunderten von unerlösten Seelen den Weg ins Licht ermöglicht."

Ich weiß nicht, ob es stimmt, aber genauso hatte es sich angefühlt. Erschöpft und glücklich traten wir den Heimweg an.
Es war getan
– alles weshalb uns dieser Ort gerufen zu haben schien –
war getan.
Friede.

Am Auto fiel mir noch ein, das gerade Vollmond gewesen war...

Der Opferplatz auf dem Giersberg bei Armsen

Ende der 1990er besuchte ich zum ersten Mal diesen Kultplatz. Ein sonniger Herbsttag hatte mich in die Natur gelockt. Gern habe ich ein Ziel für solche Spaziergänge und kurzentschlossen machte ich mich auf den ersten der Kultplatzbuch-Plätze zu entdecken. Es hatte mich neugierig gemacht.

Ungeübt im Lesen von Anfahrtsbeschreibungen fand ich mich nicht gleich zurecht. Eine geraume Zeit streifte ich dort durch die Landschaft. Stieg auf Anhöhen, suchte meinen Pfad durchs Unterholz, zerriss mir beim Überklettern eines Weidezauns sogar meine neue Jacke, aber das war ein akzeptables Opfer für den Besuch eines Kultplatzes. Auf der anderen Seite des Weges suchte ich auch. Auf einer Kuhweide lagen Findlinge, sollte das der Platz sein? So nahm ich auch sie in Augenschein. Nichts.

Gerade wollte ich aufgeben und meinte: „Heute ist wohl nicht der Tag dafür…“ Nein, damit war ich nicht einverstanden. Also rekapitulierte ich die Anfahrtsbeschreibung noch einmal und musste feststellen, dass ich nicht weit genug in den Wald hineingefahren war. Der Schlagbaum war eigentlich nicht zu übersehen. Manchmal lohnt sich Beharrlichkeit.

Jenseits des Schlagbaums liegt eine ehemalige Sandkuhle wie sie früher hier in der Gegend zu jedem Hof gehörte. Inzwischen ist sie stillgelegt und um den so entstandenen Talkessel wachsen große Kiefern. Der Rand der Kuhle zeichnet sich noch deutlich sichtbar von der Umgebung ab. Ausgetretene Wildwechsel erleichtern dem Besucher das Klettern durch Brombeerranken und Brennnesseln. So einem Pfad folgte ich bis auf die Anhöhe hinter dem Talkessel. Schon war das Hinweisschild auf die alte sakrale Stätte des Giersberg zu erblicken.

Archäologische Untersuchungen in der 1980ern brachten wenig Funde zutage.

Typisch für einen Opferplatz und damit anders als auf einer Begräbnisstätte. Dort werden bekanntlich meistens allerlei verschiedene Grabbeigaben gefunden. Bodenproben ergaben an einer Stelle Brandrückstände und symmetrisch angeordnete Phosphatrückstände, die auf Pflanzen- und Tieropfer schließen lassen. Die Gräben der Bodenuntersuchungen zeichnen sich noch heute in der Vegetation ab. Sicher hat dieser Kultplatz durch den Sandabbau etwas von seiner früheren Ausstrahlung verloren. Erfreulich finde ich, dass der Sandabbau eingestellt wurde, kurz bevor der Platz selbst verloren ging.

Es ist einer der Plätze, die auf den ersten Blick völlig langweilig erscheinen. Erst ein unvoreingenommener Blick in die Bachaue gibt dem Platz seinen Charme. Durch die Stille und Abgelegenheit in der Natur gelingt es mir immer wieder zur Ruhe zu kommen. Anzukommen, letztlich auch bei mir selbst. An diesem Ort scheinen die Geräusche draußen zu bleiben und eine Zeitlosigkeit entsteht.

Dieser Platz besitzt sehr viele unterschiedliche Qualitäten, die eigentlich jeder Mensch einfach in seinem Körper wahrnehmen kann. Es benötigt nur etwas Übung wieder zu fühlen, was wo im Körper passiert. Oder einfach abzuwarten, welche Bilder in mir aufsteigen und dann ihnen nachzugehen, um zu verstehen, was sie mir sagen wollen. Das Unterbewusstsein spricht in Bildern und durch Gefühle.Dort sind wir alle miteinander und mit allem Lebendigen verbunden.

Einfach wunderbar ist es für mich meiner Intuition zu Vertrauen und den Platz zu beschreiten. Dadurch Stellen zu finden, die mir guttun. Auf diese Weise wurden zu Vorzeiten solche Plätze gefunden. Von Menschen, die noch offen waren. Die solche Orte noch unterscheiden und schützen konnten. Von Menschen, die sich ganz selbstverständlich als Teil des großen Lebendigen wahrnehmen konnten. Von Menschen, die keine lineare Zeit kannten. Sie lebten in stetig fließendem Jetzt. Vielleicht hatten sie nicht einmal einen Begriff für das, was wir heute Zeit nennen.

Seit Isaak Newton die Zeit als absolut erklärte, wurde lineare Zeit eine gesellschaftliche Vereinbarung. Seit Albert Einstein wissen wir eigentlich, dass die Zeit relativ ist.

Dennoch erziehen wir unsere Kinder zu einer linearen Wahrnehmung von Zeit, wie wir selbst dazu erzogen wurden. Jedes kleine Kind muss irgendwann die Uhr lesen lernen und spätestens beim Schulbeginn regelt sich der Tagesablauf nach der Uhrzeit, nach der Linearität, ein.

Viele von uns erinnern sich noch daran als wir kleine Kinder waren und wie lange Zeit es von Weihnachten bis zum nächsten Weihnachten war. Eine gefühlte Ewigkeit. Später, sozusagen mitten im Leben, war gefühlt dauernd Weihnachten. Eben hatten wir auf das neue Jahr angestoßen und schon war es wieder Zeit die Sektgläser zu füllen. Jeder macht die persönliche Erfahrung, dass die Zeit verschiedene Geschwindigkeiten hat. Und dennoch glauben wir an die Linearität der Zeit, ganz im Gegensatz zu der eigenen Erfahrung. Seltsam, oder?

Auch heute gibt es noch Naturvölker, die kein Wort für „Zeit" haben. Und fragt man sie, dann wird es eher als Kreis wahrgenommen denn als Linie. Von Sonnenaufgang zu Sonnenaufgang. Wie ein stetiger Fluss, mal schneller, mal langsamer, nach einem ganz eigenem Rhythmus. Wie weiter vorne beschrieben, habe ich auch einen Zeitsprung erlebt. Nicht nur einmal. Auch nach dem Besuch der Nikolai-Kirche in Stralsund passierte das Gleiche. Einfach ein kurzer Moment realwirkende Vergangenheit. Diesmal allerdings meine eigene Vergangenheit. Schwubs war ich auf einem Kirchplatz mit Jahrmarkt in Holland, den ich Jahre vorher, auch nach einem Kirchenbesuch betrat. Ein anderes Mal an einem Freitag Nachmittag fehlten einfach zwei Stunden des Nachmittags. Ich schaute auf die Uhr und es war 15 Uhr. Einen Moment später war es bereits nach 17 Uhr. Ein Freund hatte am selben Tag das Gleiche erlebt, wie er mir im Gespräch bestätigte.

Wir teilen die Zeit in Vergangenheit, Jetzt und Zukunft auf. Wie viel deiner Zeit verbringst du in Gedanken bei irgendwelchen Ereignissen die Vergangenheit sind, gute oder schlechte? Wie viele Sorgen und Wünsche bewegst du in Gedanken für die Zukunft? Wie viel Zeit bist du wirklich hier? Wirkliches Leben findet nur in diesem Augenblick statt. Nur in diesem Moment liegt Sinn und Lebens-Erfüllung. Nur Jetzt kann ich mein Leben verändern. Alle anderen Zeitpunkte sind unerreichbar. Da komm ich noch nicht oder nicht mehr hin.

Mit ihren Ritualen ehrten unsere Altvorderen das Lebendige. Das Bewusstsein, ein Teil des Lebendigen zu sein war noch vorhanden. Die Gewissheit, dass alles mit allem in Verbindung steht und dem gleichen Gesetz von Werden und Vergehen unterliegt, war Bestandteil der Weltanschauung. Sie ehrten auch den Ort und die Erde damit. Sie wertschätzten sie, ganz anders als wir heute. Manchmal habe ich den Eindruck diese Verehrung wieder aufzunehmen.

Die Orte einfach wieder lieb zu haben und ein gern gesehener Besucher zu sein. Es ist als ob ein Teil von mir ein Zwiegespräch mit dem Platz aufnimmt, ohne Worte, nur durch das Sein.

Anfahrt:

Von Hohenaverbergen Richtung Walsrode auf die L160
nach einigen km links abbiegen nach Armsen
Kreuzung in der Ortsmitte rechts,
dann die Zweite links Richtung Kückenmoor
Auf der „Hochebene“ rechts halten Richtung Kückenmoor,
dann links in den Feldweg abbiegen Richtung Biogasanlage,
die dann linkerhand passieren und in den Wald hineinfahren
An der Gabelung den Weg rechts nehmen, auf der linken Seite sieht man einen Schlagbaum,
hinter dem Schlagbaum durch die ehemalige Sandkuhle die Anhöhe ersteigen.
Oben sieht man auch das Schild mit Erläuterungen zu dem Kultplatz.

Die Gutskirche Stellichte

Eine Perle unter den Kirchen in der Lüneburger Heide ist die St. Georg-Christophorus-Jodokus-Kirche in Stellichte. Sie wurde 1610 von der Freiherrn-Familie von Behr gebaut. Gegenüber der Kirche liegt etwas zurück das Rittergut Stellichte, das seit 1479 durchgehend in Familienbesitz ist. Bis 1975 gehörte die Kirche noch zum Gut, dann wurde sie der evangelischen Landeskirche übergeben.

Die kleine Kirche mitten in der Heide ist besonders, weil sie eine der beiden einzigen im Original erhaltenen Renaissancekirchen in Norddeutschland ist. Die andere ist die Celler Schlosskapelle, die das Vorbild dieser kleinen Landkirche war und auch erhalten ist.

Der Erbauer Dietrich von Behr legte fest, dass seine Kirche in Zukunft unverändert erhalten werden soll. Dies ist bis heute so. Natürlich wurden Restaurierungsarbeiten, insbesondere an der Orgel, durchgeführt. Auch der Turm, das Dach und das Gebäude selbst wurden instandgesetzt, weil 400 Jahre an keinem Gebäude spurlos vorüber gehen. Vor einigen Jahren wurde über die Installation einer Beleuchtung in der Kirche diskutiert. Ich weiß nicht, ob es inzwischen umgesetzt wurde. Bisher wurden die Gottesdienste im Winter bei Kerzenlicht abgehalten. Gerade zu Weihnachten gaben die Teelichte auf den Kanten der Kirchenbänke und die anderen Kerzen der Kirche eine einzigartige Atmosphäre. Diese Tradition wird sicher trotz Strom weitergeführt werden.

Direkt zwischen der Kirche und dem Gutshaus fließt die Lehrde entlang. Die Kirche auf dem einen Ufer und Gutshaus und Obermühle auf dem anderen Lehrdeufer. Es hat lange Tradition, dass die Familie der alten Obermühle den Küsterdienst für die Kirche versieht. Vor einigen Jahren starb der Küster ohne männlichen Nachfolger. Daher betreut nun seine Tochter als erster weiblicher Küster die Kirche. Das war schon eine kleine Sensation bei den eher konservativen Heidjern.

Bei ihr, Frau Borchert, kann man Termine für eine individuelle Führung vereinbaren. Die Adresse ist im Anhang. Eine kleine Gruppe von Stellichtern machen ehrenamtliche Führungen durch die Kirche und freuen sich über eine Spende als Dankeschön. Sie kennen nicht nur die Kirche, sondern auch Geschichten rund um den Bau und die Rittersleute. Solche Führung ist nicht nur informativ, sondern auch unterhaltsam.

Die Lehrde ist wider erwarten ein alter Grenzfluss. Nördlich des Flusses lag in früheren Zeiten das Bistum Verden und südlich gehörte es zum Bistum Minden. Heute gehört Stellichte zum Landkreis Heidekreis, der Nachbarort Wehnsen zum Landkreis Rotenburg/Wümme. Wehnsen ist ein kleiner Ort mit einer alten Lindenallee an der Durchfahrtsstraße. Solche Alleen findet man fast nur noch in den neuen Bundesländern. Hier ist eine erhalten geblieben. Ein bisschen weiter westlich trennt die Lehrde dann die Landkreise Heidekreis und Verden. Hier kurz hinter Stellichte gibt es also ein Dreilandkreise-Eck. Zu Zeiten des Dreißigjährigen Krieges bildete die Lehrde die Grenze zwischen dem Kurfürstentum Hannover und dem Königreich Schweden. Zwei Dörfer weiter westlich zwischen Idsingen (Heidekreis) und Groß Heins (Verden) liegt ein Übergang über die Lehrde. Hier führte eine wichtige Handels- und Heerstraße Hannover-Lüneburg-Verden-Rotenburg entlang. Dort steht heute noch eine Hofstelle „Rosenhof“, die ursprünglich als Zollstation zwischen Schweden und Hannover gegründet wurde. Heute quert dort eine Brücke die Lehrde und Zölle werden auch nicht mehr erhoben.

Zurück zur Kirche. Von Außen sieht sie einfach nur nach einer unprätentiösen Dorfkirche aus. Dem ist aber nicht so. Das plätschern der Lehrde am alten Mühlenwehr begleitet den ersten Außenrundgang im Hintergrund. Der Innenraum ist zwei geteilt. Im großen Schiff die Bänke für das Gemeine Volk. Dann links trennt eine Balustrade mit Rundbogen den Altarraum und die angestammten Chorbänke der Familie von Behr vom Kirchenschiff ab. Vier Stufen führen dort hinauf.

Die Schnitzereien und die Kanzel, die gesamte einheitliche Einrichtung der Kirche sind beeindruckend. Von der Holzdecke bis zu den Fliesen auf dem Boden. Einige davon hat der Erbauer von einer Reise nach Florenz mitgebracht. Von der Orgel, die eigentlich für eine viel größere Kirche geplant war, bis zum Altar mit großartigen Malereien. Die Epitaphe an den Wänden und die prächtigen Schnitzereien ziehen die Blicke auf sich. Ein fröhlicher Farbtupfer sind die kürzlich restaurierten Altardecken im Blau der Familie von Behr. Auch hier ist wieder ein Ort, der es in sich hat, wenn man bereit ist ihn im Ganzen auf sich wirken zulassen. Die Kirche kann im Sommer an Sonn- und Festtagen zwischen 14.00 Uhr und 16.00 Uhr betreten werden. Dann ist auch jemand, der Fragen beantworten kann, vor Ort.

Das Heidedorf hat zusätzlich zur Obermühle neben der Kirche natürlich auch eine ehemalige Untermühle am westlichen Ortsrand, lehrdeabwärts. Der alte Stellichter Mühlenweg führt heute als Waldweg schnurgerade ca. 10 km bis zur A27. Der Autobahnbau hat ihn abgeschnitten. Auf diesem Weg brachten Hunderte von Jahren die Bauern ihr Korn zum Mahlen zu einer der beiden Wassermühlen in Stellichte.

Nach dem Kirchenbesuch lohnt sich ein Abstecher zu der Wehnser Lindenallee, dazu fährt man einfach weiter und kommt dabei noch durch einen schönen Buchenwald, der zum Rittergut gehört.

Anfahrt:

Von Walsrode Richtung Visselhövede L161
An der Ausschilderung „Grundloser See" vorbei nach Ebbingen
am Ortsende Ebbingen links abbiegen nach Stellichte
dabei fährt man durch den Stellichter Sunder
Geradeaus durch Stellichte, dann sieht man schon links die Kirche und rechts das Gut

Der Grundlose See mit Moor

Nördlich von Walsrode zwischen Dreikronen und Ebbingen liegt das Grundlose Moor mit seinem See. Von Walsrode kommend weist hinter Dreikronen ein Wegweiser zum Grundlosen See. Der Weg führt zu einem Parkplatz mit Hinweisschild. Wir gehen den gut befestigten Weg am Schlagbaum vorbei. Links und rechts ist der Weg von Wald gesäumt. Nichts lässt zunächst da drinnen einen See vermuten.

Dem aufmerksamen Betrachter entgeht bei der kleinen Waldwanderung nicht der Unterschied zwischen Wald und Wald. Der Wald rechts gehört bereits zum Naturschutzgebiet. Die linke Seite wird forstlich bewirtschaftet. Rechts mischen sich Leben und Tod. Pilze wachsen aus toten Bäumen. Äste und umgestürzte Bäume liegen kreuz und quer. Dichtes Gestrüpp versperrt den Blick. Bäume unterschiedlichen Alters stehen bunt durcheinander. Links wirkt es eher aufgeräumt. Kaum Holz am Boden und die etwa gleichaltrigen Bäume stehen in übersichtlichen Reihen. Auf dem vor Jahren abgeholzten Stück sind junge Bäume aufgelaufen. Der Wald macht den Eindruck eines Ackers, nur mit anderen zeitlichen und pflanzlichen Dimensionen. Natürlich stammen diese Anpflanzungen noch aus dem 20. Jahrhundert, in dem hier Monokulturen aus Kiefern oder Fichten angepflanzt wurden. Auch war die Ernte mittels vollständigem Kahlschlag bisher üblich. Inzwischen hat es einen Bewusstseinswandel gegeben. Mit der Unterstützung durch die Forstämter hat eine Veränderung eingesetzt. Es werden Mischwälder mit Buchen, Eichen und Linden zwischen den Nadelbäumen angepflanzt. Auch bleiben größere Bäume stehen. An den Rändern werden typische Sträucher wie Ginster, Hasel und Kirschen eingegraben, um so etwas wie einen natürlichen niedrigeren Abschluss an den Wegen und Straßen zu bilden. Vielen Tieren und Insekten bietet diese Heckenpflanzung neuen Lebensraum. Zurück zum Moor. Das Grundlose Moor ist seit Anfang der 1990er unter Naturschutz gestellt. Umfangreiche Renaturierungsmaßnahmen wurden durchgeführt.

Als erstes wurden die Entwässerungsgräben wieder verschlossen um den Wasserstand zu erhöhen. Ende 2017 wurden im Bereich des Naturschutzgebietes sehr viele große Bäume abgeholzt. Im ersten Moment fand ich das etwas befremdlich. Aber es ist als weiterer Schritt der Renaturierung eine notwendige Maßnahme. Auf dem Moor wachsen keine Bäume. Hier wachsen nur deshalb Bäume, weil der Wasserstand noch immer zu niedrig ist. Um weiterhin den Wasserstand zu erhöhen müssen leider die Bäume weichen. Ein Hochmoor wie das Grundlose Moor wird nur durch Regenwasser gespeist. Dort gibt es keine Quellen. Im heißen Sommer 2018 hat der See etwa einen halben Meter an Wasserstand eingebüßt. Vor ein paar Tagen im Januar 2019 besuchte ich den See wiedereinmal. Das Wasser ist etwa 20 cm höher, aber es fehlen trotz des Regens der letzten Monate noch mindestens 30 cm zum Wasserstand im Winter in den Vorjahren. Wären die großen Bäume stehen geblieben, wäre nach meiner Meinung noch deutlich weniger Wasser im See. So bleibt nur die Hoffnung auf mehr Regen in den nächsten Monaten, damit sich der Wasserstand wieder erholen kann. Torf wurde hier schon länger nicht mehr abgebaut, aber die alten Torfstiche rund um den See sind noch gut zu erkennen. Das wird wohl trotz aller Maßnahmen noch tausend Jahre so sein. Moor wächst langsam, sehr langsam. Zwischen den Torfstichen sieht man wie hoch das Moor ursprünglich gewesen sein muss. Diese „Stege“ dienten früher zum Lagern und Abtransportieren des Torfes. Heute ist das Betreten verboten, da sich wieder seltene Pflanzen wie der Sonnentau dort angesiedelt haben. Allerdings Nutzen auch die Bäume die „Stege“ um dort zu wachsen. Und der Mensch wird eingreifen müssen, um das Moor Moor sein zu lassen. Bald erreichen wir eine Wegkreuzung wieder mit großer Hinweistafel und Findlingen. Statt nun rechts den kurzen Weg zu wählen, lautet meine Empfehlung weiter geradeaus durch den Wald Richtung Fulde zu gehen. So liegt der See stets rechterhand, dafür sieht man ihn allerdings erst später. Nach einigen hundert Metern durch den Wald kommen wir wieder an eine Weggabelung mit dicken Steinen. Diesmal wenden wir uns dann rechts endlich dem Weg zum See zu.

Kurz nach der Abzweigung sehen wir auf der linken Seite einen kleinen moorigen Tümpel aus dem recht bizarr tote Bäume ragen. Zu jeder Jahreszeit macht er durch sein leuchtend frisches Grün auf sich aufmerksam. Natürlich ist dies noch nicht der Grundlose See. Wir gehen weiter auf dem gut ausgebauten Weg. Fühlt in die Füße: Der Boden schwingt ganz leicht bei jedem Schritt. Moor eben. Mit etwas Glück sonnt sich vielleicht gerade eine Blindschleiche auf dem Weg. Das ist dort im Sommer durchaus keine Seltenheit. Kleine Ratespiele am Wegesrand vermitteln Wissenswertes über das Moor und seine Bewohner. Noch gehen wir weiter durch Wald, aber links liegen bereits alte Torfstiche wie Perlen auf der Schnur. Der Weg wird von typischen kleinen Sträuchern gesäumt. Heidekraut, Blaubeeren, aber die heimischen, nicht die aus Amerika stammenden großen, sondern echte norddeutsche Bickbeeren. So werden sie hier genannt. Natürlich auch Preiselbeeren und Binsen finden hier eine Heimat. Wir gelangen an eine Aussichtsplattform, die einen ersten weiten Blick über den See ermöglicht. Vor der Renaturierung grenzte das offene Wasser an dieser Stelle noch bis dicht an den Weg. Inzwischen hat sich die Pflanzenwelt ein Stück des Sees zurückerobert. Von der Aussichtsplattform haben wir einen reizvollen Blick auf das in der Uferzone wachsende Wollgras. Im Sommer ist es mit seinen weißen Püscheln wunderhübsch. Ein Blick über den See von dort oben lohnt sich aber zu jeder Jahreszeit. Ein Kuriosum: Die Plattform stand erst einige Wochen dort als sie von irgendwem angesägt wurde. Diejenigen dachten wohl, es sollte ein Hochsitz für die Entenjagd sein. Nun verstärkt Metall die angesägten Balken. Im Naturschutzgebiet ist Jagen per se verboten.

Wir wandern auf dem Weg weiter. Hin und wieder laden Bänke zum Ausruhen ein und bieten unterschiedliche Blicke auf den See. Ruhig liegt er da, den Himmel in wechselndem Farbenspiel spiegelnd. Bald gelangen wir zu einer Holzbrücke, die einen Graben zwischen dem größten Torfstich und dem See quert. Gern nutzen die Enten die Ränder des alten Torfstichs zum Brüten und schwimmen dann unter der Brücke auf den See hinaus.

Die Bäume spiegeln sich im Wasser und bieten nicht nur dem Fotografenauge reizvolle Motive. Jenseits der Brücke kann man bis ans Wasser des Grundlosen Sees herangehen. Taucht man die Hand ins Wasser, so erschließt sich der Name des Sees. Kaum 10 cm unter der Wasseroberfläche ist die Hand nicht mehr zu sehen. Das Wasser ist braun. Es ist eben Moorwasser und daher nicht durchsichtig. Man kann nicht auf den Grund sehen. Der Moorsee hat auch keinen festen Untergrund, wie wir es von anderen Seen kennen. Eine meterdicke Morastschicht liegt am Boden und so kann man nicht mit den Füßen vom Ufer ins Wasser, weil man gleich bis zur Hüfte versinken würde. Grundloses Moor eben.

Berührend ist es im Sommer in der Abenddämmerung die Schwalben bei ihrem Kunstflug über der Wasseroberfläche zu beobachten. In hoher Geschwindigkeit stürzen sie aufs Wasser zu um kurz vor der Oberfläche eine der zahlreichen Mücken zu fangen und sich in einem eleganten Bogen wieder in den Himmel zu schwingen.

Alles ist voll von Leben, groß und klein, sichtbar und versteckt. Still sitzen und lauschen. Dadurch dem Leben wieder näher kommen. Die Hektik des Alltags und den ganzen Verpflichtungen für einen Moment entwischen. Bei sich selbst und seinem eigenen Leben ankommen.

Innehalten.

Anfahrt:
A27 Walsrode West
geradeaus durch Walsrode
Richtung Visselhövede
ca. 1 km nach dem Ort Dreikronen links ist der Grundlose See ausgeschildert

Sommerabend

Eines Sommerabends saß ich am Grundlosen See und sah wie eine Schlange, wahrscheinlich eine Ringelnatter, im See schwamm, von Ufer direkt auf das offene Wasser zu. Sie sah aus wie eine Miniaturausgabe des Ungeheuers von Loch Ness. Irgendetwas muss sie aufgescheucht haben, so dass es ihr einziger Weg war, sich ins Wasser zu begeben. Welch ungeheuer großes Vertrauen in das Leben hat dieses Tier. Schwimmt einfach im Halbdunkel ins aus ihrer Perspektive Unbekannte hinaus. Im Vertrauen irgendwo wieder anzukommen.

Im Größenvergleich zum Menschen wäre es wohl ungefähr so, als wenn wir in die Ostsee springen und los schwimmen. Jeder Mensch bekommt dabei sofort Riesenangst zu ertrinken. So nicht die Schlange. Sie vertraute einfach darauf irgendwo wieder festen Boden und Lebensraum zu finden, ging mir dabei durch den Kopf.

„Könnte ich doch auch in meinem Leben soviel Vertrauen haben zu akzeptieren, dass alles was in meinem Leben geschieht ganz in Ordnung ist."

Die Borger Burg oder die Hüneburg bei Borg

Es war ein sonniger frostiger Tag Anfang Januar als ich das erste Mal zur Borger Burg ging. Tage vorher hatte es geschneit. Ringsherum lag noch eine verharschte Schneedecke, die im Sonnenlicht funkelte.

Nordöstlich von Walsrode in der Nähe von dem Industriestandort Bomlitz liegt das kleine Dorf Borg. Das Gebiet zwischen Bomlitz-Benefeld, Borg, Uetzingen und dem Flüsschen Böhme heißt „Eibia“. Heute ist die Eibia ein Naturschutz- und Naherholungsgebiet. In früheren Zeiten erlangte die Eibia traurige Berühmtheit, weil dort in den Weltkriegen Munition hergestellt wurde. Reste der Bauten sind heute noch sichtbar, wobei auch große Teile unterirdisch angelegt wurden und so dem Auge verborgen sind. Es ist verboten die Wege dort zu verlassen, weil man nie so genau wissen kann, was sich dort unter der Erde befindet. Es soll schon vorgekommen sein, dass der Boden sich aufgetan und jemanden „verschluckt“ hat.

Der Beginn der Industrie in Bomlitz war die Herstellung von Schießpulver im 18. Jahrhundert und Schießbaumwolle im 19. Jahrhundert. Wolff Walsrode, wie die Firma damals hieß, erlangte dadurch überregionale Bedeutung und entwickelte sich zum größten Arbeitgeber in dieser Region.

Später kaufte der Bayer-Konzern die Fabrik und heute gehört sie zu Dow-Chemicals. Die Einzelfirma wurde in verschiedene Teilbereiche zergliedert und in einen Industriepark verwandelt. Dennoch bietet er weiterhin die meisten Arbeitsplätze hier in der Region.

Allerdings wurde die Produktpalette auf friedliche Erzeugnisse umgestellt. Heute werden dort Folien für Lebensmittelverpackung und Anderes aus Kunststoff hergestellt. Jeder kennt die rotkarierten Folien in die Bratwurst eingeschweißt wird.

Für den wahrnehmenden Besucher der Orte Bomlitz und seiner Arbeitersiedlung Benefeld liegt etwas Bedrückendes und Dunkles über den Orten. Für mich persönlich ist es so etwas wie der Abdruck vieler Menschenseelen, die direkt oder indirekt durch die dort ausgeführten Geschäfte ihr Leben verloren und sterben mussten. Die Zwangsarbeiter im Dritten Reich sind nur ein Teil der Menschen, die ich meine. Ich könnte es auch unerlöste, aus dem Leben herausgerissenen Seelen nennen. Alles, was wir als Menschen denken, tun oder herstellen, wir haften dafür. Früher oder später. Es gibt keine Versicherung, die uns die Haftung abnimmt. Bleibt die Frage: Wie viel Gier und Skrupellosigkeit kann ich wirklich verantworten, wenn ich für mein Handeln zur Rechenschaft gezogen werde? Und sei es in der letzten Stunde. Dabei glaube ich nicht an eine Hölle. Ich glaube an ein Naturgesetz des Ausgleichs. Das ganze Universum kann nur bestehen bei ausgeglichenen Kräften. Ob in Bildern oder Menschen nehmen wir Ausgeglichenheit als Harmonie und Schönheit wahr. Die Natur sorgt immer wieder für Ausgleich, ohne Ansehen um wen es dabei geht, ohne eine Wertung; sozusagen einfach gnadenlos. Es ist ihr immanent. Die Berge türmen sich auf und werden durch Wind und Wetter wieder zu Sand. Wird die Population von Kaninchen zu groß, können die Häsinnen die Embryonen resorbieren. Auch wir Menschen als Einzelner und als Gesamtheit unterliegen dem Gesetz des Ausgleichs, als ein Teil der Natur.

Nach dem ersten Weltkrieg gab es die Spanische Grippe als weltweite Pandemie. Nach dem zweiten Weltkrieg war es die Tuberkulose. Kehrte wieder Frieden ein, verschwanden die Krankheiten, auch ohne Impfung. Da muss ich mich doch fragen, welcher Krieg steckt hinter Corona?

Vor einigen Tagen schaute ich mir eine Dokumentation über den Dreißigjährigen Krieg an. Der Sprecher erklärte, dass es bis zum Westfälischen Frieden nur dann Friedenszeiten gab, wenn es gerade, aus welchen Gründen auch immer, nicht möglich war einen Krieg zu führen.

1914, auch noch über 300 Jahre später war Krieg für z.B. Hindenburg ein ganz normaler Bestandteil des Lebens. Ich selbst gehöre zu der Generation der Kriegsenkel und bin somit in Friedenszeiten aufgewachsen. Dass Krieg ein normaler Bestandteil des Lebens sein soll, ist daher ein eher befremdlicher Gedanke für mich.

Zurück zur Eibia. Der Zugang zur Eibia und der Borger Burg liegt an der Verbindungsstraße zwischen Borg und Uetzingen. Auf einem ausgewiesenen Parkplatz nahe des Baches Warnau stehen Informationstafeln, die einen Überblick geben. Nördlich des Parkplatzes liegt die Eibia als Heidelandschaft mit ihren Hügelgräbern und skurrilen Relikten der industriellen Nutzung. Auch die Hügelgräber sind einen Besuch wert, denn sie haben eine gute Ausstrahlung. Einige der Hügelgräber sind bis heute noch unberührt. Die Hügelgräber der Eibia werden auf ein Alter von 3500 Jahren geschätzt. Ausgrabungen zerstören letztlich das Ausgegrabene, wie jüngst ein Kundiger im Rahmen einer Führung erklärte.

Wendet man sich vom Parkplatz nach Süden und überquert die Straße, so sieht man einen breiten Weg, der durch einen Schlagbaum gesperrt ist. Nun hat man die Wahl geradeaus auf fast gerader Linie zur Burg zu gehen oder vor dem Schlagbaum dem Trampelpfad am Waldrand zu folgen. Er biegt bald ab und folgt dem Lauf der Warnau. Meine Empfehlung ist eindeutig der Trampelpfad.

Der Pfad ist deutlich sichtbar, aber nicht ausgebaut. Baumwurzeln und Unebenheiten machen ihn ein bisschen abenteuerlich, wie ein Stück Wildnis. Er ist durch das hohe Farnkraut fast zugewachsen, das macht ihn ein wenig traumhaft und mystisch in seinem Anblick. Ein Weg wie aus einem Märchen.

Wer achtsam und sensibel ist kann die „Tore" auf dem Weg fühlen und um Einlass bitten. Für die nicht so Fühligen verlangsamen quer liegende Bäume die Schritte.

Hier und da wird ein Baum am Ufer wie von einem Sicherungsseil durch die Wurzeln eines anderen Baums an seinem Stamm festgehalten.

Der Pfad führt in verschiedenen Höhen am Ufer der Warnau bachabwärts. An einem Stück ganz dicht am Abgrund führt der Weg ins scheinbar Ungewisse. Die Warnau fließt dort in ca. 2 m Tiefe vorbei. Hin und wieder gibt der Bewuchs einen Blick auf die Böhme-Niederung frei. Drei Haselnuss-Büsche für Aschenbrödel säumen die Uferböschung. Kleine Strudel lassen den Bach wie in einer fremden Sprache sein Lied singen. Unvermittelt geht der Weg linkerhand in einer „Hexentreppe" aufwärts. In meiner Familie steht der Begriff „Hexentreppe" für eine Aufstiegshilfe an einem Hang aus Baumwurzeln oder Hölzern.

Ein umgestürzter Baum bildete ein magisches Tor zu der heiligen Anhöhe. Anfang des Jahres wurde der Baum entfernt. Es wurde aus dem Tor ein Portal. Wenn aber der Platz will, so legt er einen anderen Baum um. Jetzt liegt dort über der Treppe eine mächtige Fichte. Ihre dunklen Äste ragen in die Luft. Sie ist 1 m über dem Boden abgeknickt. Das Tor wirkt nun finsterer und beeindruckender als je zuvor. Auf der kleinen Anhöhe herrscht eine überirdische Stille. Innehalten, schauen und fühlen. Im Winter sieht man durch die kahlen Bäume die Warnau und die Böhme in der weiten Niederung ruhig dahinfließen. Am Fuß der Anhöhe liegt ein kleiner Tümpel. Nur ein paar Meter weiter mündet die Warnau in die Böhme und es bildet sich ein Dreieck aus den Gewässern und der Anhöhe. Der Tümpel liegt beinahe in der Mitte des Dreiecks. Dunkles Wasser, Entengrütze, grünes Gras, wilde Lichtreflexe, steile Ufer und schwimmende Hölzer.

Auf einer Wanderung zur Borger Burg erzählte mir ein Mann, der in Benefeld aufgewachsen ist, von einer Geschichte, die seine Großmutter ihm erzählt hat.

Die Geschichte vom Teich

Sie sagte zur ihrem kleinen Enkelsohn: „ In dem Teich ist eine goldene Krippe verborgen. Und wenn ein Mensch zur richtigen Zeit dort an den Teich geht und wartet, wird eine goldene Krippe aus dem Wasser des Teiches erscheinen ."

Der kleine Junge ist oft zum Teich gegangen und hat sogar mit einem Stock darin herumgestochert. Er wollte doch so gern die goldenen Krippe sehen. Leider hat sie sich ihm noch nicht zeigen dürfen.

An solchen kleinen Überlieferungen, auch wenn sie sozusagen christianisiert wurden, ist zu spüren, dass den Anwohnern die Besonderheit, die Heiligkeit des Ortes, wohlvertraut ist. Diese Geschichten wurden von altersher nur mündlich überliefert. Von einer Generation an die nächste weitergegeben. Zugezogene werden nur selten eingeweiht - sogar möglicherweise ganz wörtlich...

Als Rückweg kann man dann den großen Weg parallel zur Böhme wählen. Die Böhme fließt ein paar Meter unterhalb in noch gut erhaltenen Mäandern durch ihr Tal. Weiden und Wiesen begrenzen den Fluss.

Bald gelangt man zu dem Platz an dem die Hüneburg stand. Hier im norddeutschen Raum waren die Burgen nicht aus Stein, sondern eine kleine Ansammlung von Häusern umgeben von einer oder mehreren hölzernen Palisaden und aufgeschütteten Wällen. Ein Schild weist auf die Ausgrabungsergebnisse von 1933 hin. Funde belegen eine Nutzung vom 9. bis 11. Jahrhundert unserer Zeitrechnung. In der Überlieferung wird die Gründung der Hüneburg mit der Gründung des Walsroder Klosters in Verbindung gebracht.

Das Walsroder Kloster wurde 986 erstmalig urkundlich erwähnt. Das Kloster liegt Luftlinie nur 3 km entfernt. Möglicherweise ist der Zusammenhang gar nicht so aus der Luft gegriffen. Über die Böhme war vielleicht sogar eine Bootsverbindung möglich. In meiner Wahrnehmung fühlen sich beide Orte sehr ähnlich an. Die Altvorderen hatten sich einen guten Platz für eine Fluchtburg gewählt. Nur von einer Seite war es möglich die Burg zu erreichen. Die Böhme und die Warnau schützten den Siedlungsplatz auf der dreieckigen Landzunge von zwei Seiten. Vor mehr als Tausend Jahren waren die Flüsse ja noch nicht begradigt und „tiefergelegt". Breite Auen und moorige oder morastige Streifen begleiteten die Gewässer. Für Angreifer ein kaum zu überwindender natürlicher Schutzgürtel. Die Landseite war auch befestigt und hatte nur ein Tor als Durchlass, das leicht zu verteidigen war. Wie auch an anderen heiligen Orten wurden bei den Ausgrabungen altsteinzeitliche Funde gemacht, damit waren sie schon vor langer Zeit bekannt. Naheliegend, dass die Menschen den heiligen Ort bereits vor der ersten Jahrtausendwende unserer Zeitrechnung kannten und seine Nähe zum Siedeln nutzten ohne ihn jedoch zu überbauen oder direkt zu besiedeln. Auch die Burg wurde nur in unmittelbarer Nähe errichtet ohne den eigentlichen heiligen Ort zu berühren, wie man auf dem Bild der Rekonstruktion nach den Ausgrabungen gut erkennen kann. Geht man den Weg weiter, so kann man wieder „Tore" fühlen. Nach einem Stück geht der Weg breit und gradlinig wieder durch den Wald zum Parkplatz an der Straße zurück. Auf halber Strecke durchquert man einen Bereich in dem sich die mittelalterlichen Äcker noch heute gut sichtbar, wenn auch mit Bäumen bewachsen, aufwölben. Spuren des menschlichen Eingriffs in die Natur. Lebensspuren aus längst vergangenen Zeiten.

Anfahrt:

Von Walsrode der Ausschilderung „Vogelpark" folgen,
am Park vorbei weiter geradeaus
die nächste Straße rechts abbiegen Richtung Uetzingen
nach ca. 1500 m ist ein Parkplatz ausgeschildert

2

Das Kloster Walsrode

Mitten im Zentrum von Walsrode fast am Ufer der Böhme liegt das Kloster Walsrode. Zunächst sieht man nur die massive Backsteinmauer überragt von Kirch- und Kapellenturm sowie eine Anzahl von Ziegeldächern. Das wunderschöne Eisentor gibt dann den Blick ins Innere der Klosteranlage frei.

Gegründet wurde das Kloster von Graf Wale und seiner Frau Odelinth als Kanonissen Stift. Als Graf Wale mit seinem Pferd und Kutsche im Moor versank, gelobte er die Gründung eines Klosters, falls er gerettet würde. So lautet jedenfalls die überlieferte Gründungsgeschichte dieses Heideklosters. Sie wurden wohl gerettet, denn es gibt ja das Kloster.

Erstmalig wurde es im Jahre 986 urkundlich erwähnt, gegründet wurde es natürlich deutlich vorher. Bis in die heutigen Tage ist das Kloster immer noch ein Frauenstift in dem die Benediktiner-Regeln, bekannt unter ORA ET LABORA, bete und arbeite, gelten. Dennoch gehörte das Kloster nie einem Orden an. Nonnen waren die Bewohnerinnen auch nie, da sie das letzte dafür notwendige Gelübde nicht ablegten. Sie sind Konventualinnen. Die Leitung obliegt einer Äbtissin bzw. Priorin. Die Namen unter den Wappen im „Langen Gang" lesen sich wie das „who is who" des niedersächsischen Adels. Eine mehr als 1000jährige Geschichte mit Höhen und Tiefen hat dieser Ort erlebt und er erzählt sie noch immer. 1482 brannte es nach einem Blitzschlag vollständig nieder. Urkunden und Kunstschätze wurden vernichtet. Es wurde wieder aufgebaut. Ab 1528 nach der Reformation wechselte das Kloster zum lutherischen Glaubensbekenntnis und wurde evangelisches Damenstift. 1626 plünderten Tillys Soldaten die Klosteranlage. 1812 taten Napoleons Soldaten das Gleiche und hoben sogar den Konvent bis 1815 auf. Gelegentlich finden auch heute die Damen bei der Gartenarbeit noch eine Kanonenkugel aus dieser Zeit. So eine mit Erde verkrustete Kanonenkugel habe ich selbst einmal bei einem Besuch auf der Fensterbank liegen sehen.

Beharrlich hielten sie auch nach solchen Ereignissen an ihrem Kloster fest und es lebt bis heute. Glücklicherweise konnten einige seltene Kunstschätze doch aus den Wirren gerettet werden. Die drei Kappellenfenster des Nonnenchores von 1483 blieben erhalten. Im mittleren Fenster direkt oberhalb des Altars ist eine Kreuzigungsszene abgebildet. Sie entstammt noch der katholischen Zeit des Klosters. Auf dem linken Bild ist Johannes der Täufer zusehen. Er ist der Schutzpatron des Klosters Walsrode und der Walsroder Stadtkirche. Im rechten Fenster ist der Gründer Graf Wale dargestellt. Eine bemalte Holzstatue des Gründers blickt auch aus einer Mauernische auf die Kapellenbänke herunter. Das Bambino, ein über 500 Jahre altes aus Holz geschnitztes Christuskind ist Höhepunkt der Klosterführungen. Sein Kleid ist bestickt mit Flussperlen aus der Ilmenau. Heute gibt es in der nordheidischen Ilmenau keine Perlmuscheln mehr. Ein berühmter Sohn der Stadt Walsrode ist auch Hans Brüggemann, der um 1480 hier geboren wurde. Nach seiner Lehrzeit in den Bauhütten der großen Kathedralen am Niederrhein und in Holland arbeitete er von Husum aus überwiegend in Schleswig-Holstein. Überregional bekannt ist sein Bordesholmer Passionsaltar, den er 1514 bis 1521 schuf. Auch in der Walsroder Klosterkirche steht bis heute ein von Hans Brüggemann 1523 geschnitzter Altar.

Jahrhundertelang wurden nur junge adelige unverheiratete Damen in den Konvent aufgenommen. Seit etwa der Mitte des vergangenen Jahrhunderts dürfen auch bürgerliche alleinstehende Frauen dort leben. Die Räume werden momentan von 8 Konventualinnen oder liebevoller Klosterdamen bewohnt. Platz zum Leben hätten dort allerdings 11 Damen, sogar mit separatem Zimmer für das Dienstmädchen. Es gibt etwas „Nachwuchsmangel". Dabei sind die Aufnahmebedingungen durchaus modernisiert und den derzeitigen Lebenswirklichkeiten angepasst worden. Heute gelten evangelischer Glaube, alleinstehend – wobei eine Scheidung kein Hinderungsgrund ist – eigenes Einkommen und ein nahes Ende der Berufstätigkeit als zu erfüllende Voraussetzungen.

Adelig und mit Mitgift muss längst keine der Novizinnen mehr sein. Bevor man sich für ein modernes Klosterleben entscheidet, kann jede interessierte Frau dort eine Zeitlang zur Probe wohnen. 1980 übernahm sogar die erste bürgerliche Äbtissin die Leitung des Klosters. An hohen Festtagen und zu besonderen Anlässen tragen die Klosterdamen ihre Tracht bestehend aus schwarzem Kleid, weißer Schürze und schwarzweißer Spitzenhaube. Ansonsten tragen sie normale Kleidung. Gebet, Führungen und soziales Engagement sind, wie seit über 1000 Jahren, die wesentlichen Aufgaben der Bewohnerinnen. Diese Lebenshaltung ist sicher mit prägend für die Ausstrahlung des Ortes.

Die heutige Bebauung stammt aus dem 18. Jahrhundert. Eine Besichtigung der Innenräume ist von April bis Oktober nachmittags im Rahmen von Führungen möglich. Die Führungen werden meistens von den Klosterdamen selbst durchgeführt und sind eine absolute Empfehlung. Das Klostergelände ist täglich bis 18 Uhr geöffnet. Im Winter verständlicherweise nur bis zur Dämmerung. Im Remter, dem ehemaligen Speisesaal des Klosters, unterhält die Stadt Walsrode seit einiger Zeit ein Trauzimmer, so dass im Rahmen der Kloster-Atmosphäre auch der Bund fürs Leben geschlossen werden kann.

Das Walsroder Kloster ist eines der noch bestehenden sechs Lüne-Klöster. Es ist das älteste noch belebte Kloster in der Lüneburger Heide. Erst rund 150 Jahre später wurden die Klöster Ebstorf und Lüne gegründet. Die Klöster Isenhagen, Medingen und Wienhausen entstanden dann in der ersten Hälfte des 13. Jahrhunderts. Alle diese Klöster überstanden die Reformation durch eine Umwandelung in evangelische Damenstifte und sind ebenfalls einen Besuch wert. Bei den Recherchen stellte ich fest, dass es 9 weitere Klöster in der Heide gab. Alle diese Klöster waren Männerklöster. Die meisten überstanden die Reformation nicht, und wenn doch, wurden sie nach der Revolution von 1848 aufgelöst. Anders als in überwiegend katholischen Gebieten, dort bestehen ja bis heute Männerklöster.

Die christlichen Damenstifte dienten über Jahrhunderte dazu den unverheirateten adeligen Damen eine Bleibe zu bieten. Die Klöster nahmen gern auch die Mitgift entgegen. Sie bestand oft aus Geld und Ländereien, so dass die Klöster im Laufe der Zeit zu wichtigen Grundeigentümern in der Region wurden. In den Herkunftsfamilien war es eine der wichtigen zu erfüllenden Aufgaben eine Tochter ins Kloster zu geben. Es sollte damit sichergestellt werden, dass für die Familie täglich gebetet wurde und so Gottes Segen stets über der Familie lag.

Das Klosterleben war damals für Frauen der einzige Zugang zu Bildung und einer gewissen Selbstverwirklichung, die sonst nicht zugänglich war. Ein historisches Beispiel ist Hildegard von Bingen, die nur im Rahmen des Klosters ihre heilerischen Fähigkeiten leben konnte. Viele ihrer Kräuterrezepte erleben gerade in unserer Zeit eine Renaissance. Das klassische Rollenverständnis sah die Aufgaben einer Frau in der braven Ehefrauen- und Mutterrolle. Die Mutterschaft ist durchaus ein Ausdruck von allergrößter Kreativität, denn es entsteht ja ein neuer Mensch mit einzigartigem Potenzial.

Die Heideklöster stehen heute unter der Verwaltung der Klosterkammer Hannover und bekommen ihr jährliches Budget von dort. Der Grund- und Boden ist an Landwirte verpachtet und wird land- und forstwirtschaftlich genutzt.

Der Klostersee wurde in der Mitte des letzten Jahrhunderts als Regenrückhaltebecken angelegt. Er wird von der Fulde gespeist, die dann etwas weiter südlich in die Böhme mündet. Die Fulde entspringt im Grundlosen Moor und bringt bei starken Regenfällen viel Moorwasser mit. Auch grundloses Wasser. Bevor der Klostersee angelegt wurde, waren es die Küchenwiesen. Hier wurde früher die Wäsche in der Sonne gebleicht. Inzwischen ist eine Runde um den Klostersee eine beliebte Erweiterung des sonntäglichen Spaziergangs durch die Innenstadt. Im entstandenen Uferpark finden zunehmend verschiedene Veranstaltungen statt.

Für Enten und Graureiher ist der See ein Lebensraum geworden. Schwäne, Wildgänse und Kormorane rasten dort gern auf ihren Zügen von und zu den Brutplätzen weiter im Norden. Die nahe Böhme und die Böhmewiesen sind mit ihrem Futterangebot ideal.

Manchmal sind 60 bis 80 Kanadagänse im Herbst hier zum Ausruhen. Es ist dann jeden Morgen und Abend eine große Show, wenn sie in Gruppen von ungefähr 20 Tieren in Höhe der Hausdächer zum Futtersuchen mit lautem Geschnatter an den Stadtrand fliegen. Die Abendsonne lässt das Gefieder wie Rotgold glänzen. Man meint sie vom Himmel pflücken zu können. Seit zwei Jahren möchte sich ein Schwanenpaar auf dem Klostersee zum Brüten niederlassen. Leider sind die Schwäne im Vorjahr gestört worden, so dass sie das Nest verlassen mussten. Aber in diesem Jahr 2020 haben sie endlich drei kleine Schwanenkinder.

Auf der Homepage des Walsroder Klosters sind noch viele weitere Informationen über das Kloster, Veranstaltungen und das Klosterleben zu finden.

Anfahrt:

A27 Abfahrt Walsrode West Richtung Walsrode

2. Ampel rechts in die Innenstadt

am Ende der Straße fährt man direkt auf die Klostermauer zu

biegt man rechts ab, so sind links an der Klostermauer Parkplätze

Ein morgendlicher Besuch

Es ist für mich jeden Morgen eine große Freude und Ehre zum Zustellen Ihrer Zeitung das Kloster betreten zu dürfen.
Die Atmosphäre in dieser frühen Morgenstunde ist so zauberhaft und friedlich.
Selbst die Stadt schläft noch, so dass die Stille vollständig ist.

Die solide Klostermauer, die sich schützend um das Klostergelände schmiegt, lässt mich unmittelbar Geborgenheit und Schutz empfinden.

Manchmal wirft der Mond sein silbernes Licht in den Klostergarten und lässt den Raureif in den Bäumen funkeln und glitzern.

Dann muss ich innehalten und einfach nur schauen.
Mein Blick richtet sich nach oben und ungezählte Sterne leuchten am Himmel.

Angesicht dessen wird mir mein winziger Anteil an diesem unendlich Großen und Schönen der Welt bewusst.
Nur schauend diesen Augenblick der stillen Zeitlosigkeit wahrnehmend.
Tiefer Friede erfüllt mein Herz.

Irgendwann, nach einer gefühlten Ewigkeit des Schauens, ruft mich dann doch die Pflicht wieder.

Ich schließe die große Holztür des Langen Hauses auf, mache Licht an und es begrüßen mich die Wappen der Priorinnen und Klosterdamen von der linken Wand.

Rechterhand freue ich mich an den barocken Eingangstüren und Fenstern zu den Wohnräumen der Klosterdamen. An jeder Tür befindet sich ein Namensschild.
Die Harmonie des Anblicks ist beeindruckend – eine ebenfalls zeitfreie Insel in unserer hektischen Welt.

Das Durchschreiten des „Langen Ganges" vergegenwärtigt mir die lange Tradition des Klosterlebens.

55 bewusste Schritte durch eine über 1000jährige Geschichte. Sehr berührend.

Der Tietlinger Wacholderhain und das Lönsgrab

Der Tietlinger Wacholderhain überraschte mich sehr bei meinem ersten Besuch. Er wird hier mehr unter dem Lönsgrab beworben und das wirkte nicht besonders attraktiv auf mich. Dennoch begab ich mich eines Tages dorthin.

Nachdem Durchschreiten eines ganz normalen physischen Tores liegt eine weite hügelige Heidelandschaft vor dem Besucher. Hier und da unterbrochen von großen bizarren Kiefern, deren Stämme in der tiefstehenden Wintersonne kupferfarben erstrahlen. Der Weg führt leicht aufwärts auf den Hilligenberg. Das Wort kommt aus dem Plattdeutschen und heißt, wie sollte es anders sein: der Heilige Berg. Und so ist er auch. Ruhe ausstrahlend. Ein großer aufrechter Findling markiert die höchste Stelle. Davor ist die Kuppe mit Steinen gepflastert. Bänke laden zum Verweilen ein. Ein Paar große Wacholder stehen im Wind.

Der frühere Besitzer Wilhelm Asche hat sich dort zur letzten Ruhe betten lassen. Er muss diesen Ort sehr geliebt haben, denn ihm ist es zu verdanken, dass das Gelände bis heute seinen Zauber behalten konnte. Von der Kuppe des Hilligenbergs führt ein heidetypischer Sandweg abwärts zum Wacholderhain.

Der Wacholderhain hat eine besondere Ausstrahlung. Uralte Wacholderbäume säumen einen schmalen Pfad. Wacholder wachsen sehr, sehr langsam. Die dort vorhandenen sind mehrere hundert Jahre alt. Leider brechen zunehmend Zweige aus Altersgründen ab. Es wachsen zwar auch junge Wacholder auf, aber es wird wieder ein paar hundert Jahre dauern bis sie die stattliche Größe der jetzt noch vorhandenen erreichen.

Einige der Alten sind über 10 m hoch und haben mehr als einen Meter Stammumfang. Riesen Exemplare. Wirklich sehenswert. Wer weiß wie lange noch.

Beim Spazieren auf dem Pfad erwartet man hinter dem nächsten Wacholder gleich das Auftauchen von Rotkäppchen oder den sieben Zwergen. Wie ein Märchenwald erscheinen die dunklen Bäume. Eine andere Welt, die mystisch und unheimlich zugleich auch faszinierend und bezaubernd ist. Der Weg bietet viele Stellen zum Stehenbleiben und Schauen. Den Hochsensiblen begegnen sicher dort auch Erdgeister, Elfen und mit etwas Glück auch der Deva des Ortes.

In der Schmarbecker Wacholderheide bei Faßberg werden gelegentlich Vollmond-Wanderungen durch den dortigen Wacholderhain angeboten. Auch ein besuchenswertes Stück Heidelandschaft. Einmal habe ich an so einer Nachtwanderung teilgenommen und war sehr berührt von der Atmosphäre eines Wacholderhains bei Vollmond. Alte überlieferte Gruselgeschichten werden unmittelbar real. Das Licht des Vollmondes lässt bizarre Schatten der Wacholder auf den Weg fallen, um dann wieder in tiefschwarzer Finsternis zu erstarren. Der Weg ist nur mehr zu erahnen. Zu sehen ist nichts. Wenn ich mir dann vorstelle vor Hunderten von Jahren ein einsamer Heidschnuckenhirte irgendwo in der verlassenen Gegend zu sein, wird mir durchaus bange.

Zurück nach Tietlingen und zum Wacholder dort. Wacholder sind zweihäusige Pflanzen, d.h. es gibt männliche und weibliche. Man kann sie leicht an ihrer Wuchsform unterscheiden. Die weiblichen Wacholder sind vom Wuchs her kugelig und ausladend. Die männlichen sind schlanker und höher. Das Bild vorn zeigt einen männlichen und im Hintergrund weibliche Wacholder. Die weiblichen Wacholder sind zwischen ihren Nadeln mit den Wacholderbeeren besetzt. Wir kochen ja gern Wacholderbeeren mit, im Sauerkraut. Es gibt grüne Beeren, aber auch dunkelblaue bis schwarze. Warum? Die Erklärung ist einfach. Wacholderbeeren brauchen zwei Jahre bis sie reif sind. Die grünen sind also die neuen, während die dunklen noch aus dem Vorjahr stammen und erntereif sind.

Wenn man den Hain ganz durchschritten hat, gelangt man zu einem Hügel. Dort steht unter Eichbäumen ein Denkmal zu Ehren von Hermann Löns, das Wilhelm Asche dort 1929 errichten ließ. Er war ein großer Fan von dem Schriftsteller. Ein Hügel weiter in der Heidelandschaft befindet sich dann auch die Grabstätte von Hermann Löns.

Im Allgemeinen verbinden wir heute Hermann Löns mit der Nazizeit. Aber zu der Zeit war er längst tot. Gleich zu Beginn des ersten Weltkrieges an der Front in Frankreich gefallen. Hätte er das, was mit und aus seiner Geschichte in den 30er Jahren gemacht wurde, gut geheißen? Wir werden es nicht erfahren.

Hermann Löns schrieb neben anderen Liedern auch die „Hymne“ auf die Heide: „Auf der Lüneburger Heide in dem wunderschönen Land ging ich auf und ging ich unter, allerlei am Weg ich fand. “Sie ist, denke ich, wohl bekannt.

Er hat auch ein Gedicht geschrieben aus dem ich hier nur den zweiten Vers zitieren möchte:

Höret

...

Lass deine Augen offen sein,
geschlossen deinen Mund
und wandle still so werden dir
geheime Dinge kund.

...

Dies könnte auch eine Widmung für das Buch sein, für mich dann doch etwas zu viel Heideklischee auch noch mit Hermann Löns zu beginnen. Andererseits, so würde ich mir das Verhalten der Besucher auf den Heidekraftorten wünschen.

Hermann Löns lebte und arbeitete als Redakteur in Hannover und besuchte später auch die Heide. Hier lernte er die Jagd kennen und die Landschaft zu lieben.

Zu seinen Lebzeiten war es in intellektuellen städtischen Kreisen in Mode aufs Land zu ziehen, dort zu malen oder Geschichten über Mensch, Landschaft und Natur zu schreiben. Romantische Beschreibungen der Natur und der in ihr lebenden Wesen. Es gehörte sozusagen zum guten Ton. Am bekanntesten ist wohl die zu der Zeit entstandene Künstlerkolonie in Worpswede.

Mein Großonkel Arthur lebte in Hamburg und war etwas jünger als Hermann Löns gewesen. Er zog in seiner Freizeit als junger Mann mit dem Fahrrad oder der Eisenbahn aufs Land, folgte der Alster und Bille nach Norden, der Wümme, Ilmenau und Seeve nach Süden. Natürlich besuchte er auch oft und gern die Heide. Immer mit Skizzenblock und Notizheften im Gepäck.

In seinem Nachlass fanden wir später etwa 300 Ölpastellskizzen mit Landschaftsmalereien. Alle entstanden zwischen 1910 und 1930. 80 Ölbilder mit Schafherden, Heidelandschaften und Gehöften waren vorhanden. Natürlich hatte er auch einen Heide-Schafstall im Mondlicht gemalt. Eine ganze Anzahl von Heften voller Heidegeschichten, die er selbst geschrieben hatte, waren dabei. Niemals wurde etwas davon veröffentlicht.

Der Tietlinger Wacholderhain bietet einen schönen Eindruck der Heidelandschaft auf kleiner Fläche. Man kann sie am anderen Ende durch ein Tor verlassen und noch einen Waldspaziergang am Ufer der Böhme machen. Zwischen den Bäumen hindurch hat man einen schönen Blick auf dieses Heideflüsschen, das sich dort durch seine breite Niederung schlängelt. Die Wiesen werden heute zur Heu- bzw. Silagegewinnung genutzt. Hier und da laufen auch noch ein paar Schafe herum und begrüßen jeden Spaziergänger mit einem blöken.

Anfang der 30er Jahre sollte Hermann Löns nun seine letzte Ruhestätte hier in der Heide bekommen. Er fiel am 26. September 1914 im ersten Weltkrieg durch einen glatten Gewehrschuss an der Front bei dem Ort Loivre, 10 km südlich von Reims. Ein Tod wie er einem Jäger entspricht, Blattschuss.

Seine sterblichen Überreste wurden 1934 aus Frankreich nach Walsrode überführt. Er sollte ursprünglich an einem anderen Ort beigesetzt werden, als der an dem er heute ruht. Im Gespräch waren ein Platz in der Nähe des Wilseder Berges oder der Siebensteinhäuser. Nur lag der eine Ort im Naturschutzgebiet und der andere Ort im damals neuen Truppenübungsgebiet. Die Räumungen und Umsiedlungen der Bewohner auf dem Militärgelände waren bereits in vollem Gange. Es wurde keine Genehmigung für eine Bestattung von Hermann Löns auf dem Boden des Truppenübungsplatzes oder im Naturschutzgebiet mehr erteilt. So musste nach einem anderen geeigneten Ort gesucht werden. Diese Suche dauerte sehr lange und der Sarg mit Hermann Löns stand ein Jahr lang in dem Keller eines Walsroder Hotels. Erst dann konnte er auf Initiative von Wilhelm Asche am Tietlinger Wacholderhain beigesetzt werden.

In den 1934/35er haben also die Verdener den Sachsenhain, die Walsroder und Fallingbosteler Hermann Löns bekommen. Sieh an.

Anfahrt:

A27 Abfahrt Walsrode Süd
links nach Walsrode 1. Kreisel 1. Ausfahrt, 2. Kreisel 2. Ausfahrt,
3. Kreisel (nein, nicht die dritte) die 1. Ausfahrt
die B209 nach Honerdingen links abbiegen
rechts der Ausschilderung Golfplatz folgen, beim Golfplatz parken
weiter geht es auf der Asphaltstraße nur zu Fuß
oder
A7 Abfahrt Dorfmark B209 nach Bad Fallingbostel
Beim 3. Kreisel die erste Ausfahrt Richtung Lönsgrab

Die Siebensteinhäuser

Allein die Anfahrt zu den Siebensteinhäusern ist ausgesprochen interessant. Die Dolmen der Siebensteinhäuser liegen mitten im Truppenübungsplatz Bergen, der mit fast 25.000 Hektar einer der größten in Europa ist. Man kann sie nur am Wochenende besuchen. Unter der Woche ist wegen Truppenübungen und Manövern eine Besichtigung nicht möglich. Mit öffentlichen Verkehrsmitteln sind die Siebensteinhäuser ebenfalls nicht zu erreichen.

Von der Autobahnabfahrt A7 Bad Fallingbostel folgt man der Ausschilderung und fährt durch Oerbke. Dort waren bis 2015 britische Soldaten stationiert. Eigentlich war der Abzug der britischen Truppen erst für Mitte 2016 geplant, aber angesichts der Flüchtlingswelle im September 2015 zog das Militär vorzeitig aus. In den freigewordenen Gebäuden des NATO-Camps wurde die größte Erstaufnahmeeinrichtung für die Flüchtlinge in Niedersachsen eingerichtet. Aufgrund der vorhandenen Gebäudeinfrastruktur konnten dort bis zu 7000 Flüchtlinge gleichzeitig untergebracht und versorgt werden.

Vorbei am Camp biegt man auf die Panzerringstraße. Auch eine Sehenswürdigkeit. Eine zweispurige Straße, die die Breite einer vierspuriger Autobahn hat. Auf dieser Privatstraße des Bundes ist aber nur 80km/h erlaubt.

Sollte man strikt beachten, auch wenn die Versuchung ein Rennen zu fahren riesig ist. Schilder weisen darauf hin bereits auf Militärgelände zu fahren. Die „Watchmen“ vom Wachdienst fahren regelmäßig Kontrolle und ahnden solche Verstöße.

Linkerhand kommen die ersten Panzerschießbahnen, deren Zufahrten einen kleinen Blick auf die großartige und weite Landschaft im Vorbeifahren ermöglichen. Man kann erkennen, dass die Heide keineswegs eine flache Landschaft ist. Die alte Panzerwaschanlage wächst langsam zu.

Nach ein paar Kilometern erreicht man dann den Ort Ostenholz im Gemeindefreien Bezirk Osterheide. Der einzige Ort, der von den Dörfern im Bereich des Truppenübungsplatzes noch übrig ist. Alle anderen wurden schon um 1935 bei der Einrichtung des Platzes umgesiedelt. Heute ist nur hin und wieder an den alten Obstbäumen zu erkennen, dass dort früher eine Hofstelle oder ein Dorf war. Von den Gebäuden ist kein Krümel mehr zurückgeblieben. Von Ostenholz mit seiner kleinen hübschen Fachwerkkirche mitten im Dorf folgt man, beim kleinen „Onkel Nickel" der Ausschilderung bis zum Schlagbaum. Der große „Onkel Nickel" war jahrzehntelang ein in der ganzen Region bekanntes und beliebtes Gasthaus. Heute gibt es ihn nicht mehr.

Am Wachhäuschen wird der Personalausweis gegen einen Besucherausweis getauscht. Der Wachhabende öffnet danach die rotweiße Schranke und gibt die schnurgerade Fahrbahn frei. Kilometer um Kilometer führt die Asphaltstraße durch eine mit Heide bewachsene wellige Ebene. Es könnte wirklich idyllisch sein.

Nur stehen dort echte Panzer, LKW und andere Zielobjekte aus Holz mitten in der Heide. Auf der anderen Seite weisen einzelne Schilder auf Bunker hin. Zusehen ist nichts. Wald verhindert einen Blick. Dies ist kein „aufgeräumter"bewirtschafteter Wald.

Dort gibt es noch Kiefern mit niedrigen weit ausladenden Ästen und nachwachsende Jungbäume verschiedener Sorten. Natürlich werden auch Bäume gefällt, mal vom Menschen, mal vom Sturm. Sie liegen dort und werden bestimmungsgemäß wieder zu Erde. Vorher dürfen sie aber noch ein paar Jahre Lebensraum für allerlei Lebewesen sein.

Auf dem Truppenübungsplatz gibt es viel Wild. Die ersten Wölfe in Niedersachsen wurden dort festgestellt. Dazu gehörte auch Kurti, der Wolf aus den Schlagzeilen. Er war der erste, der zum Abschuss freigegeben wurde, seit die Wölfe „auf dem Platz", wie man hier sagt, eingezogen sind.

Es wurde vermutet, dass Kurti von Soldaten gefüttert wurde und so die Scheu vor den Menschen verloren hatte. Später näherte er sich Spaziergängern und griff insbesondere deren Hunde an. Er musste es mit dem Leben bezahlen.

Vor einigen Tagen besuchte ich die alte Gutskapelle in Wense, zwischen Dorfmark und Soltau gleich östlich der A7. Das Gut ist heute das Bundesforstamt. Die Flächen von 900 Hektar des im 12. Jahrhundert gegründeten Gutes derer Von der Wense wurden zu einem Teil des Truppenübungsplatzes. Der Ort strahlt noch etwas von der früheren Hochherrschaftlichkeit aus. Die Zufahrt zum Gut und der Kapelle führt sehr malerisch durch eine alte Allee über die ehemaligen Mühlenteiche. Ich stand da und beobachtete das Licht- und Schattenspiel auf dem Wasser. Am anderen Ende der ca. 80 m langen Allee tauchte ein Schäferhund auf. Er starrte mich an und ich ihn. Wo ist denn das Herrchen? Er muss gleich kommen. Kein Herrchen kam. Als ich das endlich realisierte wurde mir klar: Das ist kein Schäferhund. Das ist ein Wolf. Hey, Wolf! In dem Augenblick drehte er sich um, kniff den Schwanz ein, lief noch zehn Meter am Wegrand entlang, wendete sich noch einmal zu mir um und verschwand dann im Dickicht auf der anderen Seite. Wir waren beide überrascht uns zu begegnen. Es war, meine ich, ein Jungwolf, der auf Reviersuche war. So habe ich zum ersten Mal einen Wolf in freier Wildbahn gesehen. Erwachsene Menschen stehen nicht auf der Futterliste von Wölfen.

Zurück zur Anfahrt: Nach einigen Kilometern durch die Heidelandschaft beginnt ein Wald. Kurz darauf liegt der ausgeschilderte Parkplatz auf der linken Seite. Noch ist von der Megalithanlage nichts zu sehen. Hohe Wälle umgeben die Langbetten und eindrucksvollen Dolmen. Zum Schutz versteckt. Diese Wälle wurden 1958 angelegt, um die Anlage vor Granateinschlägen zu schützen. Leider versperren die Wälle die Übersicht auf die Gesamtanlage, die dadurch sicher einiges an ihrer Ausstrahlung eingebüßt hat. Dennoch ist sie stark und beeindruckend.

Die Lage mitten in einem Militärgebiet verhindert nicht den versehentlichen Einschlag einer Granate. Es ist schon zu Ablenkungen der Projektile aus der geplanten Flugbahn gekommen. Der Grund war zunächst längere Zeit nicht klar. Nachforschungen ergaben, dass die hohen Bäume auf den Wällen die Ursache dafür waren. Um das zu verhindern werden sie auf den Wällen nicht wachsen gelassen. Glücklicherweise hat die Kommandantur oder Standortverwaltung die Siebensteinhäuser nie zu einem Zielobjekt für Schießübungen gemacht, sondern von Beginn an wesentlich zu ihrem Schutz und ihrer Erhaltung beigetragen. Das ist nicht selbstverständlich.

Die fünf Megalithanlagen sind mit den Buchstaben A bis E ausgeschildert. Es sind fünf, nicht sieben wie der Name vermuten lässt. In dem offiziellen Flyer heißt es „Sieben" steht einfach für „viele" und stammt aus der Zeit als das Zählen noch nicht so verbreitet war. Heute noch erhalten in der Redensart: „Meine sieben Sachen packen..." oder ähnlich.

Für mich erscheint es anders. Die vorhandenen Dolmen und Langbetten repräsentieren die unteren fünf Energiepunkte des Körpers und sind keineswegs als Grabanlagen erbaut worden. Es wird gelegentlich davon ausgegangen, dass im 18. Jahrhundert die beiden anderen Langbetten für Wegebau zerstört wurden. Ich teile diese Ansicht nicht. Für mich erscheint es wahrscheinlicher, dass dort umliegende Hügelgräber abgetragen wurden. Heute gibt es dort anders als in der Oldendorfer Totenstatt keine Hügelgräber mehr.

Sicher wurden in den Langbetten und in der Umgebung einzelne Bestattungen vorgenommen und entsprechende Überreste gefunden. Möglicherweise wurden dort hohe Würdenträger religiöser oder weltlicher Natur beigesetzt, um die Energien an dem Ort zu halten oder zu verstärken. Ich denke nicht, dass sich das menschliche Verhalten selbst im Laufe von Tausenden von Jahren wirklich stark verändert hat.

Stell dir mal vor, in 5000 Jahren graben Menschen unsere Kirchen aus, z.B . den Verdener Dom. Sie wissen nichts mehr von unserem christlichen Glauben. Was werden sie dort wohl vorfinden? Gräber, beschriftete Steinplatten, Fundamente von Säulen und ähnliches. Was würden sie wohl denken?

Wahrscheinlich würden sie zu der gleichen Annahme gelangen, wie unsere Altvorderen: Diese Bauten wurden als Grabanlagen für irgendwie geartete Herrscher oder Würdenträger erbaut. Bischöfe und Könige wurden bis ins vergangene Jahrhundert noch in Kirchen beigesetzt. Rund um alte Kirchen finden sich bis heute noch Gräber, ganze Friedhöfe. Trotzdem wurden die Kirchen nicht als Grabanlagen gebaut. Sie dienen in erster Linie bis heute rituellen und religiösen Aufgaben. Warum sollte das vor 4500 Jahren so anders gewesen sein?

Heute gibt es auch Friedhöfe für die Normalsterblichen, die abseits von Kirchen liegen, genau wie es große Gräberfelder aus der Vergangenheit abseits der Steinsetzungen gibt. Selbst wenn die Besiedelung in der Jungsteinzeit deutlich dünner war als heute, so kommen in einer Nutzungszeit der Megalithanlagen von 1000 Jahren bei einer angenommenen Generationszeit von 30 Jahren schon etwa 33 Generationen zusammen. Bei einer Generationszeit von angenommen 20 Jahren sind es in 1000 Jahren bereits 50 Generationen. Damit ich hier heute diesen Text schreiben kann waren innerhalb von nur 7 Generationen bereits 245 Menschen beteiligt. Dasselbe gilt natürlich für jeden von uns. Selbst wenn nicht jede Generation den Wunsch hatte ihre Würdenträger an einem solchem Ort zu bestatten, kommen einfach durch Zeitablauf eine größere Anzahl an Bestattungen vor, was aber auch nichts an der Bedeutung, dem Wesen des Ortes ändert.

Wurden die Steinsetzungen der Siebensteinhäuser aus der Gewohnheit von links nach rechts zu lesen oder absichtlich so mit A bis E ausgeschildert, dass man sie in einer ungünstigen Reihenfolge besichtigen soll? Ich weiß es nicht.

Der sensible Besucher sollte lieber bei dem Dolmen E mit dem Rundgang beginnen, denn er berührt das Wurzelchakra. Die Kenntnis der Chakren setze ich jetzt einmal voraus.

Wenn man der Beschilderung von E bis A folgt werden nacheinander die anderen Chakren in aufsteigender Richtung harmonisiert. Sakral-, Solarplexus-, Herz- und Halschakra. Dadurch werden fünf von sieben Chakren berührt – die für die Normalsterblichen. Warum ich das denke?

In jeder Religion gibt es Riten oder einen hochheiligen Ort, das Allerheiligste, das nicht jedermann zugänglich ist. Warum sollte das erst eine Erfindung der neueren Religionen sein?

In jeder Religion gibt es Eingeweihte, die eine Leitungsfunktion in einer Gruppe von Menschen haben. In menschlichen Gemeinschaften gibt es immer einen der voran geht, gleichgültig ob sie Guru, Papst oder Imam heißen. In der profanen Welt heißen sie Häuptling, König, Präsident, Chef oder Scheich. Diese Vorangehenden gab es sicher auch schon in der Steinzeit, weil menschliche Gesellschaften seit jeher bis auf wenige Ausnahmen so aufgestellt sind.

Für mich und auch ein paar andere Menschen steht fest, dass es in der Nähe der Großsteinanlagen noch zwei weitere Plätze gibt, die nicht überbaut wurden.

Sie waren nur den Eingeweihten bekannt und deren Lage wurde ausschließlich an Insider und Adepten als Geheimnis weitergegeben. So ging das Wissen darum im Laufe der Zeit verloren. Für mich repräsentieren sie das Chakra des Dritten Auges und das Kronenchakra, also die spirituellen Chakren, die mit einer anderen Wahrnehmung in Verbindung gebracht werden, mit einer Verbindung zur unsichtbaren Welt. Das lässt den Raum, den Namen „Siebensteinhäuser“ durchaus wörtlich zu nehmen.

Aufgrund der Lage mitten im Militärgebiet ist es nicht möglich, sich hier auf die Suche nach diesen zwei Plätzen zu machen. Das Verlassen der Umzäunung ist verboten. Dies sollte man aus zwei Gründen tunlichst respektieren; erstens wegen Lebensgefahr durch herumliegende Munition oder von Blindgängern; zweitens ist es wichtig die öffentliche Zugänglichkeit zu bewahren. Sie liegt im Ermessen der Militär-Kommandantur und ist kein unveränderliches Recht. Es gibt Orte wie die Oldendorfer Totenstatt, an denen es weniger gefährlich ist, solche Suche zu starten.

Die Steine wurden nicht zufällig so angeordnet wie sie hoffentlich bis heute stehen. Steine haben genauso wie die Erde einen Plus- und einen Minuspol und ein entsprechendes Energiefeld, Magnetfeld. Dieses Feld hat die Form eines Torus und gleicht damit in der Form dem Magnetfeld der Erde, auch in seinen Fließ- bzw. Bewegungsrichtungen. Alles hat so ein Feld, auch wir Menschen.

Wir nennen es beim Menschen für gewöhnlich Aura und bilden es, so denke ich, nicht vollständig ab. Noch ist es nicht messbar oder nur eingeschränkt, aber vor 200 Jahren war auch Elektrizität nicht messbar. Wer weiß heute schon was in 200 Jahren alles messbar ist, auch wenn es im Moment noch als Spinnerei angesehen wird. Unter diesem Blickwinkel haben die Megalithanlagen Wirkungen nicht nur auf das menschliche Energiefeld.

Aus meiner Sicht ist es dabei sogar gleichgültig, ob man es spürt oder nicht. Beim Besuchen geht man einfach durch diesen Torus, durch dieses Feld, wie durch einen Regenschauer und die Irritationen im eigenen Energiefeld werden eingeweicht, vielleicht auch abgewaschen bzw. aufgelöst. Die unsichtbaren Felder wirken. Und das Feld gewinnt immer.

Anfahrt:

A7 Abfahrt Bad Fallingbostel

der Ausschilderung „Siebensteinhäuser“ folgen

Wintersonnenwende

Es war kurz vor Weihnachten als ich einen Drang verspürte die Siebensteinhäuser wieder zu besuchen. Ich war schon längere Zeit nicht mehr dort gewesen. Da es ein Sonnabend war bestand auch die Aussicht hinein zu kommen. Ich fuhr los und stellte dann in Ostenholz fest, dass es der 21.12.2019, also Wintersonnenwende war.

An der Schranke ließ mich der Wachhabende passieren. Als ich den Parkplatz vor der Megalithanlage erreichte stand dort ein Fahrzeug. Es überraschte mich dort jemanden anzutreffen, so kurz vor Weihnachten. Alle scheinen doch mit den Vorbereitungen für das nahe Fest beschäftigt zu sein, dachte ich jedenfalls.

Zum meinem Glück waren die Besucher gerade fertig mit ihrem Rundgang und im Begriff den Platz wieder zu verlassen. Ich freute mich darüber, denn ich hatte im Stillen gehofft, die Steine eine Weile für mich allein zu haben. So sollte es sein. Ich begann meinen Rundgang bei E und widmete jedem der Steine meine Aufmerksamkeit. Es war einfach schön wieder hier zu sein.

Die Bäume ringsherum trugen kein Laub mehr, nur die Nadelhözer waren dunkelgrün. Nach mehreren Tagen Regen standen hier und da Wasserpfützen in den Vertiefungen der Steine.

Je nach Blickwinkel erschienen die Wasserlachen wie tiefschwarze Löcher oder es spiegelte sich der hohe blaue Himmel darin.

Wunderschön anzusehen. Ein einsames Herbstblatt schaukelte sachte auf der Oberfläche hin und her.

Das Licht an diesem Tag war außerordentlich besonders. Die Sonne schien in einem flachen Winkel über die Wälle hin und hüllte die mächtigen Steine in ein weiches Licht.

Alles zusammen die massiven uralten Steine von quitschgrünem Moos bedeckt, das sanfte Licht, der blaue Himmel, die verschiedenfarbigen Pflanzen, groß und klein, von dunkelgrün, hellbraun bis anthrazit, die matschige schwarze Erde an manchen Stellen.

Alles zusammen ergab ein nahezu überwältigendes Konzert von Farben und Formen, Licht und Schatten. Es war eine ganze Sinfonie von Schönheit. Ich konnte das noch im Winterschlaf ruhende Leben überall um mich herum und unter meinen Füßen spüren.

Heute war das Jahr am Wendepunkt. Und es würde bald wieder zu neuem Leben erwachen. Bei dem Dolmen A, der etwas abseits der anderen liegt, ließ ich noch einmal diesen wundervollen Ort auf mich wirken.

Ich wollte bleiben und mich noch eine Weile diesem tiefen Frieden in mir und um mich herum hingeben. Es stieg eine große Dankbarkeit in mir auf. Ich war dankbar heute hier zu sein, dankbar am Leben zu sein und ein kleines Teil des großen Ganzen zu sein.

Irgendwann wendete ich mich dann doch zum Gehen. Es war inzwischen ein Wohnmobil mit neuen Besuchern eingetroffen.

Ich bemerkte, dass sie ihren Rundgang auch bei E begannen. Noch ein paar Wissende, wunderbar. An diesem Tag konnte dieser Heilige Ort gern noch ein paar Besucher der anderen Art gebrauchen.
Wie schön.

Als ich mich gerade zum schmalen eingezäunten Rückweg umwendete, bemerkte ich ein Funkeln in der jungen etwa drei Meter hohen Tanne, die nur wenige Meter hinter dem Zaun wuchs. Da. Da. Da auch. Und da noch mehrere. Ganz viele kleine Lichtpunkte glitzerten in der Tanne.

Zu nächst dachte ich an Sonnenlicht, das von an den Zweigen hängenden Wassertröpfchen reflektiert wurde. Ich wechselte die Perspektive. Die Lichter blieben an ihrem Platz. Der war keineswegs an der Spitze einer Tannennadel. Es waren auch keine Autoscheinwerfer, denn außer dem Wohnmobil waren keine anderen Fahrzeuge in der Nähe.

Das Wohnmobil parkte inzwischen viel weiter links und hatte auch kein Licht mehr an.

Die kleinen Lichter schwebten einfach unter den Zweigen und waren dadurch vollständig vom Sonnenlicht abgeschirmt.

Die liebevollen Wesen des Ortes haben sich mir gezeigt.

Danke für euer Vertrauen.

Die Schwindequelle und Schwindebecker Heide

Ein immer wieder sehr besonders berührender Ort ist für mich die Schwindequelle. Niedersachsens zweitgrößte Quelle mit 60 Litern Wasser pro Sekunde. Sie liegt von Bispingen kommend links am Ortsende von Schwindebeck und ist gut ausgeschildert. Man kann dort direkt parken, als Lösung für Eilige.

Eine andere sehr schöne Tour die Schwindequelle zu besuchen ist die Nutzung des Parkplatzes an der Schwindebecker Heide linkerhand kurz vor dem Ortseingang Schwindebeck. Ein gut ausgewiesener Wanderweg führt durch eine herrliche Heidefläche zur Quelle. Gern nutze ich diese Möglichkeit als persönlichen Pilgerweg um den Aufenthalt an der Quelle zu genießen.

Inzwischen habe ich mich zu jeder Jahreszeit und bei jedem Wetter dort aufgehalten. Schon nach wenigen Minuten empfinde ich eine tiefe Entspannung und innere Ruhe. So schnell wie ich es noch an keinem anderen Ort erlebt habe.

Die Quelle liegt unweit der Straße in einem Bachtal zwischen Bäumen. Der Weg und Platz an der Quelle sind gut ausgebaut. Bänke laden zum Verweilen ein. Die Umgebung ist klitschnass, überall stehen kleine Pfützen und glänzen in der Sonne. Die Quelle selbst ist ein runder Teich mit einem Auslauf in den vorbeifließenden Bach. Das Wasser ist klar und nicht besonders tief. Der Boden ist in ständiger Bewegung. Überall blubbert und sprudelt es aus dem Grund.

Hoch gespülter weißer Sand lässt den Eindruck von kochendem Wasser entstehen. Das Wasser kocht natürlich nicht, sondern ist etwa 9°C kalt. Rundherum sind braune und gelbe Ablagerungen und Algen, die ebenfalls stets in Bewegung sind. Lichtreflexe und die Farben der Umgebung spiegeln sich auf der Oberfläche. Überall ist Lebendigkeit. Im Hintergrund plätschert der Bach und rundet das Erleben ab. Nie langweilig. Einfach nur ins Wasser sehen.

Die abwechslungsreichen Farbspiele und Bewegungsmuster beobachten, hinhören und darin versinken. Unbeschreiblich schön.

Gern wird die Quelle von Künstlern besucht, die die Inspiration des Wassers mit seinem Farbenspiel in Malerei oder Zeichnungen umsetzen. An solchen Tagen bekommt der Platz durch die Menschen, die vollständig in ihrer Kreativität versunken sind, ein ganz besonderes Flair.

Gestern besuchte ich die Quelle, weil wir seit einer Woche durchgehend Temperaturen um die -8°C, nachts auch bis -15°C, hatten. Ich wollte einmal sehen, ob der Frost dort das Wasser gefrieren lässt. Nein, es hat nicht gereicht für ernsthafte Eisbildung. Nur am Rand gab es ein wenig dünnes Eis.

In strahlendem Sonnenschein lag die Quelle wie ein dunkler Fleck in dem schneebedeckten Bruchwald. Die kahlen Bäume ließen das Sonnenlicht bis zum Boden durch und warfen ein wildes Schattenmuster auf den Schnee. Die Quelle lag ruhig da. Das Grün der Algen auf dem Boden wirkte frisch, ganz anders als im Sommer, wenn sich das Grün der Bäume in dem Wasser spiegelt.

Der Frost hatte den Boden um die Senke begehbar gemacht und so gelangen mir Fotos aus einer Perspektive, die im Sommer nicht zugänglich ist. Es war so bitterkalt, dass meine bloßen Hände schon nach wenigen Minuten mit der Kamera in der Hand nicht mehr imstande waren weitere Fotos zu machen.

Dennoch war die Ruhe und Harmonie des Platzes in mir angekommen. Frieden. Es hatte sich wiedermal gelohnt hierher zukommen.

Ja – ich habe sie gesehen – die Heide-Elfen!

Mitte August beschloss ich einmal nach dem Stand der Heideblüte zu sehen. Also nahmen Willi, mein Wohnmobil, und ich Kurs auf den Park- und Wohnmobilstellplatz „Schwindebecker Heide". Dort fand ich einen Stellplatz mit schönem Ausblick.

In diesem Jahr war die Heide mit der Blüte spät dran. Es hatte bisher wenig Sonnen- und umso mehr Regentage gegeben. Zaghaft streckten die ersten Blüten ihre violetten Köpfchen aus. Große Flächen waren nur mit einem zarten Lila der Knospen angehaucht. Sie warteten auf wärmenden Sonnenschein um dann ihre ganze Pracht und Schönheit zu entfalten.

Der Abend war lau und so nahm ich meine Kamera um den Sonnenuntergang über der Heidelandschaft zu fotografieren. Ein heller Sandweg schlängelte sich durch das Heidekraut langsam bergauf. Pilger hatten Steine zu einem Zen-Turm gestapelt, andere hatten ein Herz aus Steinchen in den gelben Sand gelegt. Links in einiger Entfernung begann ein Waldstück.

Rechts und voraus eine hügelige Heidelandschaft, die nur ab und zu durch einzelne Kiefern, Steine oder Birken unterbrochen wurde. Mein Auge suchte nach Motiven. Fotografierte, suchte weiter. Ich ging auf die nächste Anhöhe. Immer die Augen auf den Sonnenuntergang und die Landschaft gerichtet.

Plötzlich hörte ich ein helles fröhliches Lachen. Ich schaute mich um, aber es war nichts zu sehen. Und da wieder… heiteres Gelächter und lieblicher Gesang erfüllten den Sommerabend. Wo kam das denn her? Wer sang da so schön?

Es war kein Ursprung der Laute zu sehen, vielleicht versteckten sie sich hinter der nächsten Anhöhe? Mal sehen, nein, auch nichts. Seltsam.

Ohne die Herkunft der Töne zu finden, wandte ich mich dem Rückweg zu. Die Sonne war bereits hinter den Bäumen verschwunden, damit gab es kein Szenario zum Fotografieren mehr. Kurz darauf kam ich wieder bei meinem Willi an. Die Luft war schön und so blieb ich noch vor meinem Wohnmobil draußen sitzen.

Da war es wieder – das Lachen! Es kam näher und näher. Schließlich konnte ich sie sehen.

Barfuß über den Sand tanzend. Die weißen Kleider wehten im Rhythmus der Bewegungen durch die Luft. Das blonde Haar im Wind schwingend und mit Blumenkränzen geschmückt. Das dunkle Haar kunstvoll hochgesteckt und mit einzelnen Blüten verziert. Das letzte Abendlicht ließ die Haut der nackten Arme und Beine silbrig schimmern. Mal schneller werdend, dann wieder langsamer, wechselten sie nach einer zauberhaften Choreografie die Positionen in der Gruppe. Harmonisch fügte sich das glockenhelle Lachen und Singen in den Anblick ein.

Der prachtvolle Abendhimmel mit seinem weichen Licht bot den passenden Hintergrund. Atemberaubend schön. Das waren sie – ganz eindeutig –die Heide-Elfen.

Am nächsten Morgen erschienen auch noch lustige Zwerge in der Heide. Es hatte in der Nacht angefangen in Strömen zu regnen. Regen bringt in der Heide nicht nur Pilze, sondern auch Zwerge zum Vorschein. Lustige bunte zipfelige Zwerge in Gelb, Orange und Rot zogen durch die verregnete Heidelandschaft.

Hier nun die Auflösung der Figuren:

Die Heide-Elfen waren eine Gruppe junger Mädchen, die in der Heide gefeiert hatten. Vielleicht die scheidende Heidekönigin mit ihrem Gefolge, denn am folgenden Sonntag sollte die neue gewählt werden. Oder einfach ein Junggesellinnen-Abschied. Ich habe sie nicht gefragt.

Die Zwerge waren lediglich die frühen Spaziergänger in ihren bunten Regencapes, die die Kapuze über den Kopf gezogen hatten um sich vor dem strömenden Regen zu schützen. Vor dem Hintergrund der leicht violett grünen Heide hoben sich die leuchtenden Farben der vermummten, nicht mehr als Menschen erkennbaren Gestalten in starkem Kontrast ab.

Manchmal macht etwas Fantasie das Leben lebenswert.

Anfahrt:
Autobahn A7, Abfahrt Bispingen
der Ausschilderung nach Bispingen folgen
dort den Wegweisern Richtung Salzhausen folgen
hinter Grevenhof kommt wenige Kilometern auf der linken Seite der Park-und Stellplatz Schwindebecker Heide, guter Startpunkt für den Pilgerweg
oder am Ortsausgang Schwindebeck links zur Quelle
Die Straße, die Schwindebeck durchquert, führt im weiteren Verlauf noch an den in diesem Buch enthaltenen Megalithanlagen von Rolfsen und Raven, mit einem Umweg auch an der Oldendorfer Totenstatt vorbei.

Die Oldendorfer Totenstatt

Ganz in der Nähe des wohlbekannten Heideortes Amelinghausen gibt es einen Ort mit „so richtig viel Sound“ wie mein Bruder sagen würde.

Wie meistens kann man sich diesem Ort von zwei Seiten annähern. Die eine Art ist der Wegweisung in Amelinghausen zu folgen. Auf diese Weise kann man mit dem Auto bis vor die Oldendorfer Totenstatt fahren. Am Wegesrand kommt man auch an dem dazugehörigen archäologischen Museum vorbei. Ein Abstecher in die Ausstellung ist lohnenswert.

Die zweite Möglichkeit geht vom Parkplatz Kronsheide aus und ist für mich der Weg der Wahl. Da ich mich langsam wie auf einem Pilgerweg diesem Heiligen Ort annähre, würdige ich ihn für mein Gefühl mehr. Es bleibt in Ruhe Zeit sich achtsam anzunähern. Auch Zeit etwas von sich zu opfern für die Erlaubnis zum Einlass. Der Parkplatz liegt an der B209 hinter Amelinghausen am Lopausee und ist gut ausgeschildert. Die Bundesstraße ist die fast Ost-West-Querung der Heide und führt von Walsrode nach Lüneburg. Zwischen Soltau und Amelinghausen verläuft sie über fast 12 km schnurgerade durch die Heide. Nur zwei Kurven und ein Kreisverkehr unterbrechen die Gerade. Vor Amelinghausen, bei Etzen, ist noch eine sehr beeindruckende lange Lindenallee erhalten.

Von dem Parkplatz Kronsheide führt ein Weg an Heideflächen mit einem modernen Schafstall und durch Wald unweit des Ufers der alten Lopau ganz zauberhaft von hinten zu der Oldendorfer Megalithanlage. Der Weg geht an der Fläche auf der jedes Jahr die Amelinghauser Heideblütenkönigin mit einem großen Festakt inthronisiert wird vorbei. Lange Zeit bevor man überhaupt etwas von dem Platz sieht, kann man ihn schon fühlen. Er strahlt soweit in die Landschaft, dass ich denke auch ein in Wahrnehmung nicht so geübter Mensch wird es spüren können.

Als Vorgeschmack habe ich das Titelbild gewählt. Einfach mal einfühlen. Dieses besondere Flirren, diese harmonische Kraft und Ruhe. Andere Worte dafür habe ich gerade nicht. Wie bereits Eingangs erwähnt ist ein Foto und das unmittelbare ganze Erleben eines Ortes noch ein himmelweiter Unterschied.

In einem weiten offenen Heidegelände liegen fünf Steinsetzungen verteilt. Dazwischen eingestreut auch das eine oder andere Hügelgrab. Ein Ort der Stille. Alle Alltagsgeräusche bleiben draußen. Selbst die Vögel singen wieder nur in der Ferne. Ein Ort zum Leise sein. Wahrnehmen, Fühlen, zur Ruhe kommen, meditieren oder einfach da zu sein. Leben spüren wie es eigentlich gemeint war und den Unterschied zu unserer alltäglichen Lebensweise wieder zu bemerken. Gedanken kommen zur Ruhe. Verstreut stehende Bänke laden zum stillen Schauen ein.

Wieder repräsentieren die Dolmen und Langbetten die fünf unteren Chakren. Und wieder sind die zwei oberen Chakren nicht sichtbar. Analog zu meinen Erläuterungen bei den Siebensteinhäusern halte ich sie für nicht überbaut. Möglicherweise befinden sie sich im angrenzenden Wald oder auf dem Acker neben an.

Noch war für mich nicht der richtige Zeitpunkt auf die Suche nach ihnen zu gehen. Dies bleibt wohl meinem nächsten Besuch vorbehalten.

Wieder gehen die Archäologen von Begräbnisplätzen aus, wie aus den Schildern hervorgeht. Und wieder meine ich, sie denken zu kurz. Für mich ist die Oldendorfer Totenstatt das Stonehenge in Norddeutschland. Sein Einfluss geht aus meiner Sicht weit über die unmittelbare Umgebung hinaus, möglicherweise sogar weit über Niedersachsen. Ein Akupunkturpunkt der Mutter Erde.

Anfahrt:

Autobahn A7 von Norden Abfahrt Bispingen oder von Süden Abfahrt Soltau B209 bis Amelinghausen, dann kurz vor dem Ortsausgang der Ausschilderung folgen

oder B209 durch Amelinghausen hindurch fahren, nach dem Lopausee links auf den Parkplatz

Die Steinkiste von Rolfsen

Zweimal besuchte ich inzwischen die Steinkiste von Rolfsen. Sie liegt unweit des Ortes Rolfsen zwischen Äckern und Wald, etwas seitlich des gut ausgebauten Wirtschaftsweges.

Ein Wegweiser mit der Aufschrift „Dolmengrab“ hilft die richtige Abzweigung zu finden. Keine 100 m nach der Kreuzung liegt linkerhand diese hübsche flache Anlage fast als Lichtung am Waldrand. Dennoch ist sie einzigartig hier in der Heide. Ähnliche Anlagen sind nur weiter im Norden bekannt. An der Ecke steht eine mächtige Kiefer mit einer seltsam verwachsen Krone.

Still liegt dieser Steinkreis im Sonnenschein. Licht und Schatten erzeugen ein bizarres Muster auf den Steinen und dem schütteren Bewuchs des fast ebenen Platzes. Die Oberfläche des Kreises ist mit Feldsteinen gepflastert. Etwas außerhalb der Mitte ragen die größeren Findlinge der Steinkiste aus dem Steinkreis. Die seitlichen etwas kleineren Findlinge, die Randsteine, ragen nur etwa 40 cm über das umliegende Gelände hinaus.

Beim ersten Mal sind wir mit dem Auto bis kurz vor den Platz gefahren. Beim zweiten Mal bin ich von der Verbindungsstraße von Raven nach Evendorf den knappen Kilometer zu Fuß dorthin gepilgert. Jedes mal klebte ich förmlich an diesem Platz fest. Zum Glück hat jemand, dem es wohl genauso ging, dort eine Bank aufstellen lassen. So kann man sich einfach dort hinsetzen und genießen. Meditieren und Lauschen. Hinhören, in sich selbst oder dem Sound der lebendigen Natur rundherum.

Zeitlos, friedlich, harmonisch. Auszeit.

Es gibt Wichtigeres im Leben, als beständig dessen Geschwindigkeit zu erhöhen. (Mahatma Gandhi)

Anfahrt:

K44 von Soderstorf nach Rolfsen
am Ortseingang von der Umgehungsstraße links in den Ort abbiegen
2. Straße links, an der Gabelung rechts halten
ca. 800 m hinter dem Ortsausgang links das Schild „Dolmengrab“

Der kleine Pilgerweg
im nächsten Ort Raven der Ausschilderung nach Evendorf
ca. 2,5 km nach dem Ortsausgang ist eine sehr breite Kreuzung mit einem Waldweg, links gehen
nach dem nächsten Acker auf die Asphaltstraße abbiegen
ca. 100 m dann rechts zum Dolmengrab

Wo sich Fuchs und Hase „Gute Nacht“ sagen

Auf dem Rückweg am Rand des Ackers nahm ich eine Bewegung wahr. Ein Schatten huschte durchs hohe Gras.

Kein Mensch weit und breit. Zwei schwarze Flecken ragten aus dem Ackerstreifen und bewegten sich rhythmisch auf und ab.

Im nächsten Augenblick zeigte sich das kleine Geschöpf auf dem Sandweg. Ein schlanker Feldhase war beim Abendessen von mir gestört worden.

Unschlüssig, ob von mir eine Gefahr für ihn ausgeht oder nicht, hopste er hakenschlagend ein Stück auf dem Sandweg entlang.

Manchmal suchte er für einen Moment Deckung im Gras, dann sprang er wieder auf den Weg und hoppelte einige Meter geradeaus.

Schließlich setzte er sich mitten auf dem Weg noch einmal kurz in Fotoposition, um dann endgültig im Unterholz zu verschwinden.

Und wo war jetzt der Fuchs?

Heute Abend wollte der sich nicht mehr zeigen...

Gute Nacht.

Raven Eins

Um den kleinen Heideort Raven sind noch zwei Stellen mit Langbett bzw. Ganggräbern erhalten.

Raven Eins liegt nordöstlich der Ortschaft in der noch einige schöne fast typische Heidehöfe erhalten sind. Von Süden auf der K44 kommend biegt man rechts in den Ernesto-Krause-Weg ab. Geradeaus bis zum Ende der Bebauung folgen wir der Straße. Am Ende kann man gut parken. Ein Wegweiser „Zum Hünengrab" zeigt auf einen breiten Weg. Dieser Weg führt durch einen lichten Buchenwald, der jetzt Ende Mai in frischem Grün sehr einladend wirkt. Der Weg schlängelt sich durch den Wald, vorbei an malerischen Tälern. Jedenfalls für norddeutsche Augen sind es Berge und Täler.

Nach kurzer Zeit wird der Weg zu einem Hohlweg, der ungefähr bis zu einem Meter tiefer liegt als das umgebende Gelände. Dies deutet auf eine Nutzung seit Hunderten von Jahren hin. Es dauert lange bis durch Ochsen- oder Pferdefuhrwerke soviel Boden ausgefahren wurde. In früheren Zeiten und bei ebenerem Gelände wurde ein Fahrstreifen einfach ein Stück neben dem ursprünglichen Fahrweg genutzt. Einfach dort, wo das Gespann besser gehen konnte. Dadurch sind sie nicht so ausgefahren, wie an dieser Stelle. Hier ist wegen der Hanglage kein Verlegen sinnvoll möglich gewesen.

Viele Wege in der Heide oder auf der Geest haben durch Überlieferung und Gewohnheitsrecht eine erhebliche Breite. Zwölf Meter sind da nicht selten. Dies aber bedeutet nicht, dass der heute sichtbare Weg so breit ist. Es ist oft nur noch aus dem Kataster der Flure zu erkennen. In früheren Zeiten war die Breite einfach nötig um immer wiedermal die Fahrspur zu verlegen. Die Ochsen- und Pferdegespanne mit ihren schweren Wagen ließen, besonders bei Regen, die unbefestigten Wege schnell zu Matschstreifen und Morastlöchern werden.

Die „Straßen“ waren einfach aus Sand und verliefen dort wo es einfach durchzukommen war. Die umliegende Heide war Allmende. Damit stand sie jedermann zur Nutzung zur Verfügung und so war es möglich einfach neben dem alten Weg einen neuen zu befahren.

Im 19. Jahrhundert wurde begonnen Streckenabschnitte mit Kopfsteinpflaster zu befestigen. Napoleon beauftragte den Bau von Heerstraßen. Dazu wurden vielfach Steine aus Hügelgräbern und Megalithanlagen abgetragen. An solchen Stellen lagen ja viele Steine auf einem Haufen. Auch entstanden so die ersten Obstbaum-Alleen an den Seiten der Heerstraßen. Die Soldaten brauchten etwas Verpflegung auf ihren Märschen. Bis heute sind an einigen Stellen solche Alleen aus Apfel-, Birn- oder Kirschbäumen noch erhalten.

Im Zuge dieser Befestigungsarbeiten wurden auch viele bis dahin noch erhaltenen Megalithanlagen zerstört, so dass heute nur noch etwa 10% der damals vorhandenen Steinsetzungen erhalten sind. Selbst die noch erhaltenen wurden stark zerstört. Hier bei Raven Eins sind nur noch 17 Steine des ursprünglichen Langbettes von 7 x 17 m vor Ort. Ein gesprengter Deckstein liegt in Bruchstücken neben der Kammer. Die Kammer selbst ist zum Glück für uns noch erhalten. Ein Rundumblick von der Kammer aus lässt klar erkennen, dass dieser Ort ein Lehmhügel oder zumindest ein lehmhaltiger trockenerer Hügel in mitten von feuchtem oder moorigen Gelände ist. Mindestens zu drei Seiten liegen noch heute Wiesen. Aus meiner Sicht könnte vor mehr als 5000 Jahren dieser Ort ein trockener Hügel umgeben von nahezu undurchdringlichem nassem Moor gewesen sein. Solche Lage ist für die spezielle Nutzung als Kult- oder Begräbnisplatz gut geeignet. Er bietet Schutz vor ungebetenem Besuch allein schon durch die natürliche Umgebung.

Die Trockenlegung der Moore und Nutzung als Viehweide in späteren Zeiten veränderte natürlich die Landschaft nachhaltig.

Auf diesem Hügel und rundherum ist ein herrlicher Buchenwald. Ein Wald nur aus alten Buchen erinnert mich immer wieder an eine natürliche Kathedrale. Die hohen geraden Stämme geben viel hohen lichtdurchfluteten Raum.

Darüber schwebt das grüne Blätterdach wie das Gewölbe einer großen Kirche. Nur diese ist nicht von Menschenhand geschaffen worden. Hier hat die Natur den Bauplan gestaltet. Das Laub des Vorjahres auf dem Boden bildet einen weichen braunen Belag. Nur hier und da strecken sich am Boden kleine grüne Pflanzen nach dem Licht. Im Frühling begrüßt uns ein Teppich aus weißen Buschwindröschen. Ein Buchenwald strahlt Erhabenheit aus, ganz anders als ein dunkler Fichtenforst.

Natürlich hat auch der dunkle Nadelwald seine Reize. Wenn die Sonnenstrahlen schräg durch die Bäume bis zum Boden fallen und sich die Zweige wie ein Schattenriss von dem hellen Hintergrund abheben, ergibt es auch ein zauberhaftes Bild vor den Augen des Betrachters.

Für das altmodische Wort „Waldspaziergang“ wurde jüngst das moderne Wort „Waldbaden“ kreiert. Eine Gelegenheit sich mal für eine Zeit wieder unserem Ursprung zuzuwenden. Der Natur, deren Teil wir immer noch sind. Ein Aufenthalt in unserem natürlichen Lebensraum. Trotz der modernen Technik hat sich seit der Steinzeit nichts daran geändert, dass wir ein Teil der Natur, ein Teil allen Lebendigens der Erde sind.

In einem Buchenwald kann man wunderbar baden. Ich möchte ganz herzlich zum Einmal-wieder-hineinfühlen einladen.

Anfahrt:

K44 von Rolfsen nach Raven

geradeaus durch Raven, kurz vorm Ortsende rechts

Ernesto-Krause-Weg bis zum Ende

Die Großsteingräber auf dem Strietberg

Diese beiden Ganggräber liegen östlich von Raven und westlich von Wetzen unweit nördlich der Landstraße zwischen diesen beiden Ortschaften auf einer langgestreckten Anhöhe. Um ein vielfaches näher bei der Ortschaft Raven als von Wetzen aus gesehen. Das erste westliche Ganggrab ist Raven Zwei und das zweite östliche ist Wetzen Eins. Von Raven kommend kurz hinter der Abzweigung nach Putensen führt schräg links ein Betonweg den Hang hinauf. Weit darf man mit dem Auto nicht in den Weg hineinfahren, aber es ist dort Platz um am Rand für eine kurze Zeit das Auto abzustellen.

Nun geht man einfach den Weg weiter auf den norddeutschen Bergrücken. Der Ausblick ist weit und bezaubernd. Soweit das Auge reicht Felder in sanften Wellen. In der Ferne die Allee der jungen Straßenbäume. Im angrenzenden Tal liegt ein kleiner Wald. Am Horizont sind noch ein paar winzige Flügelspitzen von Windrädern über dunklem Wald zusehen. Wieder kann man ahnen, wie es als einsame fast unbesiedelte Heidelandschaft beeindruckend gewesen sein muss, auf so einem Ort zu stehen. Schließlich endet der Weg vor einem Schlagbaum. Man kann ihn an der Seite passieren. Schon wenige Schritte hinter dem Schlagbaum fällt der Blick auf die Decksteine des ersten Ganggrabes, Raven Zwei. Inmitten grünen Grases liegt dieses mächtige Monument im hellen Sonnenschein. Als man es wieder entdeckte war es noch ganz gut erhalten. Es wurde erforscht und auch restauriert.

Nur ein paar wenige Schritte entfernt liegt das zweite Ganggrab, Wetzen Eins. Als im vergangenen Jahrhundert die professionelle Erforschung und Restaurierung der Großsteingräber in der Heide begann, war dieses Ganggrab kaum noch als solches zu erkennen. Ein Haufen von Findlingen. Steingewinnung und Sprengversuche hatten die Verwüstung angerichtet. Der schwunghafte Handel mit Steinen hatte auch hier seine Spuren hinterlassen.

Durch das Wiederaufstellen der Tragsteine und das Belegen mit den beiden Decksteinen zeigte sich erst die Leistung der Erbauer auf. Bei der Restaurierung wurden auch die glatten Steine in den Zwischenräumen fein säuberlich wieder aufgeschichtet. Der Gang ist oben offen und lädt direkt ein sich einmal unter die Decksteine zu setzen. Den Fußspuren im Sand nach, war ich nicht die Erste, die auf diese Idee gekommen ist. Ein Gefühl von Geborgenheit und Schutz empfinde ich unter dem dicken Felsbrocken. Sonnenstrahlen leuchten durch die Ritzen der Steine und beleuchten die Trockenmauern, die die Lücken zwischen den Tragsteinen ausfüllen. Ein Farnkraut leuchtet grün am Boden der Höhle. Nichts Unheimliches oder Gruseliges ist dabei. Nur Frieden.

Nach einer Weile klettere ich wieder aus dem Ganggrab hinaus in den Sonnenschein. Richte mich auf und fühle eine ruhige Freiheit. Aber auch ein Gefühl von „wieder auf mich selbst gestellt sein“ kann ich spüren. Ich drehe mich einmal um die eigene Achse und stelle dabei fest: Wenn ich mir die hohen Bäume auf der Straßenseite wegdenke, habe ich einen nahezu vollständigen Überblick von 360 ° über die weite Landschaft.

So eine exponierte Stelle. Genau der richtige Ort um Einfluss auf ein riesiges Gebiet auszustrahlen. Dabei bleibt natürlich offen, ob nun als ein vorzeitlicher Herrscher, der über den Tod hinaus sein Reich beherrschen oder auch beschützen wollte. Oder, ob als Priester, Druide, Medizinmann, der von dieser Stelle aus seine Götter um Schutz und Führung bat. Vielleicht mithilfe von Ritualen oder mit Meditation, wie dem auch sei.

Dieser Ort erinnert mich an das norddänische Kloster Börglum. Es liegt ähnlich exponiert zwischen Nord- und Ostsee nur wenige Kilometer südlich vom Skagerrak. Vom Mühlenberg des Kloster kann man die Nordsee sehen und an klaren Tagen auch die Ostsee. Das Kloster wurde von Prämonstratensern ungefähr im Jahre 1000 gegründet und war lange Bischofssitz.

500 Jahre lang diente es dem Orden als Zentrales Kloster für Skandinavien und auch Nord-Schottland. Diese Ordensmitglieder waren keine Mönche, sondern geweihte Priester.

Ich hatte nach der Kirchenbesichtigung dort nur ein Gefühl: Es ging den Ordensbrüdern nicht ums Seelenheil, sondern ganz gezielt um eine grandiose Machtentfaltung. Es ist überliefert, dass sie mit falschen Lotsenfeuern Schiffe zum Stranden brachten um die Ladung zu rauben und die Besatzung zu ermorden. Auch sind die Bischöfe laut Überlieferung stets mehr an Machtentfaltung als an Religion interessiert gewesen.

Dann die Lage auf der höchsten Stelle der Umgebung. Der große Einflussbereich ist bis heute ganz offen zur Schau gestellt, weil das Kloster natürlich weithin sichtbar ist. Eine Kirche ohne Turm, die zwar groß und hell ist, aber eine unheimliche drückende Atmosphäre hat. Gut war das nicht, was sie dort getan haben. Nie vorher oder nachher habe ich so eine Ausstrahlung in einer Kirche erlebt. Und noch heute hat das, inzwischen als Gut und landwirtschaftlicher Betrieb genutzte Anwesen, eine unheimliche ungemütliche Ausstrahlung behalten.

Einzig der schmale Raum mit dem ca. 18 m langen handgestickten Wandteppich von Bayeux ist angenehm. Ob es sich hier bei um eine Leihgabe aus Frankreich oder einen Teil des im Original 68 m langen Bildes handelt, weiß ich nicht genau. Er stellt Szenen mit Wilhelm, dem Eroberer, im Kampf um England dar. Dort sind Figuren mit einer detailreichen Darstellung der Bekleidung, Bewaffnung und Frisurenmode von vor knapp 1000 Jahren abgebildet. Selbst Schiffe und berittene Heerscharen sowie eine Krönungs- und eine Sterbeszene sind in wundervoller Stickerei ausführlich dargestellt. Dennoch ist das Kloster Börglum ein eher unheimlicher und bedrückender Ort.

Dagegen sind diese Megalithanlagen sauber und schön. Erholsam und möglicherweise heilend für den ganzen Menschen, auf allen Ebenen. Seit Jahrtausenden thronen sie über der Landschaft und trotzen dem Wetter und den Menschen. Nichts bedrohliches geht von ihnen aus. Was würden sie uns wohl erzählen, wenn sie könnten? Sicher nicht nur Geschichten von den unterschiedlichen Begräbnisritualen und den Menschen aus der alten Zeit. Vielleicht weitaus mehr als die bisher gefunden Relikte zu erzählen imstande sind.

Ein Besuch der Steingräber bietet eine gute Gelegenheit sich wieder Zeit zu nehmen in die Natur zu gehen und sich mit ihr zu verbinden. Auch wenn heute zunehmend der Aufenthalt in Freizeitparks als Erholung angesehen wird, so ist ein eigener Pilgerweg und das Sichbewegen durch die Natur und Landschaft auch ein einzigartiges Erlebnis. Erholsam für die Seele.

Es ist eine Gelegenheit sich einmal Zeit und Raum zu nehmen für die Schatzsuche im eigenen Inneren. Was ist da so alles enthalten? Was hemmt mich glücklich zu sein? Was denke ich über mich selbst? Stimmt das, was ich so denke? Wieviel kommt davon von Außen? Führen ich das Leben für das ich hier bin oder doch lieber eines von dem ich meine, dass es von den anderen als erfolgreich wahrgenommen wird?

Anfahrt:

K44 von Rolfsen nach Raven

zu den Großsteingräbern auf dem Strietberg

in Raven rechts Richtung Wetzen an der Kirche und der Abzweigung nach Putensen vorbei, Betonweg links

Wie die Heide entstanden ist

Die Heide ist keine natürliche Landschaft. Sie entstand vor ca. 800 bis 1000 Jahren durch menschlichen Einfluss. Vorher war die Gegend zwischen Hamburg und Hannover in Nordsüd- und zwischen Uelzen und Rotenburg/Wümme in Ostwestausdehnung mit Wäldern bewachsen oder bestand aus offenen savannenartigen Gegenden. Die Besiedelung beschränkte sich im Wesentlichen auf die Flussuferbereiche und Gebiete mit fruchtbaren Böden für Ackerbau und Viehzucht. Zwischen den Eiszeiten war dieses Gebiet eine Tundra. Die Gletscher brachten Geröll und natürlich die Findlinge aus Skandinavien mit. Die Eismassen glitten auf dem Geröll nach Süden und schoben auch welches vor sich her. Beim Schmelzen des Eises blieben die Geröllmassen, Sand und Kies einfach liegen.

Die Gegend der heutigen Heide hat trockene sandige, leichte Böden mit einem niedrigen Humusanteil. Nach dem Roden des Waldes blieben die Flächen einfach brach liegen. Der Wind wehte den Humus fort. Der Regen wusch die Mineralien aus der Oberfläche aus, so dass sich in etwa 30 cm Tiefe eine feste stark verdichtete Schicht bildete, der Ortstein. Darüber blieb hellgrauer bis gelblich weißer Sand zurück. Heidekraut siedelte sich großflächig an. Im Wesentlichen die Besenheide (Calluna vulgaris), auch Erika genannt. Wacholder, Ginster, Birken und Kiefern kommen mit den nährstoffarmen Böden auch noch zurecht.

Nebenan kann man auf dem Foto einer alten Sandkuhle den Bodenaufbau recht gut erkennen. Die Heide ist eine Vorstufe der Wüste. Im 18. Jahrhundert wurde sie auch die Sahara Norddeutschlands genannt. Eine einsame unwirtliche Landschaft. Einen Eindruck vom Armenhaus Deutschlands kann man heute auf dem Erlebnispfad durch die Verdener Dünen im Naturschutzgebiet „Dünengebiet bei Neumühlen“ bekommen. Solche Dünen sind nicht selten in der Heide.

Bereits um das Jahr 800 wurde in Lüneburg Salz entdeckt. Auch Soltau war und ist bis heute Salzstadt. Der Name Soltau entstammt den Plattdeutschen Worten für Salz (Solt) und Bach/ Niederung (Aue). In Soltau wird in einer kleinen Manufaktur heute wieder Salz gesiedet. Zum Sieden des Salzes wurde viel Brennholz benötigt. Salz war eine sehr wichtige Handelsware im ganzen norddeutschen Raum. Das Gold des Mittelalters. Ostseefischer benötigten Salz um Heringe haltbar zu machen. Hering war damals ein wichtiges Grundnahrungsmittel.

So wurden zunächst um Lüneburg und Soltau die Wälder gerodet und dann immer weiträumiger. Gleichzeitig wuchs die Bevölkerung. Aus Höfen wurden Dörfer, aus Dörfern wurden Städte. Es wurde Bauholz benötigt und natürlich auch Brennholz bzw. Holzkohle zur Herstellung von Backsteinen und Ziegeln. So wurden riesige Gebiete abgeholzt. Das Holz war einfach vorhanden. Wächst ja wieder nach, so war die Erfahrung bis dahin. Dem war aber nicht so. Auf diese Weise entstanden die großen baumlosen mit Heidekraut und Wacholder bewachsenen Landstriche.

Die Einführung des Kunstdüngers am Ende des 19. Jahrhunderts veränderte die Heide sehr. Es konnten viele Flächen wieder zu Acker werden. Auch wurden große Gebiete erneut aufgeforstet.

Mithilfe von Maschinen wurde es möglich den Ortstein tief umzupflügen und wieder aufzubrechen. Heute sind noch etwa 1% der früheren Heideflächen übrig und vermitteln besonders im August und September zur Heideblüte ein ganz anderes zauberhaft schönes Bild.

Die Reste der Heideflächen stehen unter Naturschutz und laden zu ausgiebigen Wanderrunden ein. Sie sind die Grundlage für den Tourismus in der Heide, dessen jährlicher Höhepunkt die Wahl der Heidekönigin in Schneverdingen ist. Eine weitere Heideblütenkönigin gibt es, neben der in Amelinghausen, auch in Holm-Seppensen an der Ilmenau in der Nordheide.

Die erhaltenen Heideflächen vermitteln bis heute einen Eindruck der Einsamkeit und Weite der ehemals riesigen Heidelandschaft. Besonders um Ober- und Niederhaverbeck und den Wilseder Berg ist es möglich sich davon ein eigenes Bild zu verschaffen. Ein bisschen Hermann-Löns-Land. Einsamkeit gibt es jedoch nur von Oktober bis Juli, also außerhalb der Heideblüte.

Das nächste Stück ist ein kurzer Abriss über die Struktur der Höfe in den letzten 1000 Jahren. Literarischer erzählt Willi Bunke in seinem Buch „Der weite Weg vom Hof zum Dorf" die Geschichte des Dorfes Groß Heins im Landkreis Verden.

Der Adel und die Kirche bzw. Klöster als Grundherren vergaben bereits im ersten Jahrtausend unserer Zeitrechnung Flächen an Menschen, die Bauern werden wollten. Sie bekamen die Auflage die Flächen zu roden und zu Ackerflächen zu machen. Der Wald konnte für das Vieh als Weidefläche benutzt werden.

Sie durften soviel Land urbar machen, wie sie bewirtschaften konnten. Natürlich bekamen sie das Land nicht ohne Gegenleistung. Die Menschen wurden zu Leibeigenen. Auch nur ein anderes Wort für Sklaven.

Sie mussten einen Teil der Ernte und des Viehs an die Grundherren abgeben. Aber nicht nur das. Der Grundherr durfte auch Hand- und Spanndienste (Frondienste) einfordern, d.h. der Bauer musste für den Grundherrn Arbeiten verrichten z.B. Bauarbeiten an den Gutshöfen, Wegebau oder mit seinem Gespann die dazu benötigten Materialien herbeischaffen und befördern. Auch bei Eheschließungen und Hofübergaben hatte der Grundherr ein Wort mit zu reden. Ohne seine Zustimmung ging nichts.

Inwieweit das „Recht der Ersten Nacht" tatsächlich vom Grundherrn in Anspruch genommen wurde bleibt unklar. Konnte sich der Meier (der Leibeigene) davon mithilfe der Mitgift freikaufen?

Schriftlich ist nur aus dem Züricher Raum überliefert, dass der Lehnsherr für sich das Recht das erste Mal mit der Braut zu schlafen, an Stelle des frischgebackenen Ehemannes, beanspruchte. Sollte es auch hier im Norden so gehandhabt worden sein, bekommt die Erbfolgeregelung in der Höfeordnung eine noch andere Tragweite. Denn dann war ja der Erstgeborene sehr wahrscheinlich ein Kind des Grundherrn. Ups.

Die jüngeren Söhne der Bauern mussten oft den Grundherrn als Söldner, Landsknechte dienen. Natürlich nicht der Erstgeborene, denn der sollte ja den Hof übernehmen und das System aufrecht erhalten. Aber auch dies nur mit Zustimmung des Grundherren. Geregelt wurden diese Angelegenheiten in Meierbriefen, deren Ausgestaltung immer bei dem Grundherrn lag. Er hatte das Recht die Meierlasten nach seinem Ermessen auch kurzfristig zu erhöhen. Heute würde das wohl eher Pacht- und Dienstleistungsvertrag heißen und böte viel mehr Verbindlichkeit. Leibeigene sind eben nicht frei. Die zu erbringenden Leistungen waren die Meierlasten, heute nennen wir es Steuern. Diese Struktur ist auch der Grund, warum in Deutschland der Name „Meier" in seinen verschiedenen Schreibweisen so verbreitet ist.

Die ersten Höfe in der Heide entstanden lange vor dem 8. Jahrhundert in weitgehender Alleinlage.

So ein Hof wurde hier in der Heide **Vollmeier** genannt. Durch den genügenden Platz bildeten mit der Zeit mehrere Vollmeier ein Dorf. So ab dem 14. Jahrhundert wurden dann auch Vollmeierhöfe geteilt und zu **Dreiviertel- oder Halbmeierstellen** mit den entsprechend niedrigeren Meierlasten. Wenn einer der jüngeren Söhne auch Bauer werden wollte und die Gelegenheit hatte Land zu erhalten, nannte sich so eine Hofstelle eine **Ab**bauerstelle.

Eine **An**bauerstelle entstand, wenn ein Handwerker Land kaufen und dadurch eine neue Hofstelle gründen konnte. Meist wurde das Handwerk dann weiter ausgeübt.

Im 18. Jahrhundert wurden auch Hofstellen aus der Allmende, gemeinschaftlich von dem Dorf meist als Weide genutzten Flächen, gegründet. Diese neuen Höfe nannten sich **Brinksitzerstellen**. Die Landflächen reichten gerade zur Selbstversorgung aus. Brinksitzer übten neben der Landwirtschaft noch ein Handwerk aus. Sie waren Schmied, Stellmacher bzw. Rademacher (Wagenbauer/Tischler) und Schuster, aber auch Gastwirte. In der Heide wird, wie sonst auch in Norddeutschland, eine Kneipe gern Krug genannt. Damit wurde der Gastwirt im Plattdeutschen zum Kröger.

Es gab auch **Häuslings- und Deputathäuser** auf den Heidedörfern. Dies waren kleine Häuser, die Knechten oder jüngeren Geschwistern für ihre Familien von den großen Höfen als Teil des Lohnes überlassen wurden. Die dazugehörenden Flächen reichten nicht für die Selbstversorgung aus, sorgten aber für eine Grundlage. Ein sogenannter Kohlgarten und die Haltung von Kleinvieh (Geflügel, Kaninchen) und eines Schweines waren möglich. Selten reichte es für eine Kuh oder ein Pferd. Die Flächen blieben zum Hof gehörig und wurden nicht Besitz der Bewohner. Der Lebensunterhalt wurde durch die Arbeit auf dem großen Hof gesichert. Bei Beendigung des Arbeitsverhältnisses musste das Haus geräumt werden. Unverheiratete Knechte und Mägde lebten im Haupthaus und schliefen in Alkoven, Schrankbetten mit Schiebetür, auf der Diele.

Die Diele ist in den niedersächsischen Zweiständer-Fachwerkhäusern nicht der Hausflur, sondern der Bereich des Viehstalls, dessen Beginn die große zweiflügelige Tür, die „Grootdör" ist. Ein Flügel ist auf halber Höhe noch einmal geteilt, der untere Teil diente zum Durchgehen der Menschen. Der obere Teil blieb im Sommer meistens für die Schwalben offen. Alle Flügel wurden nur geöffnet, wenn man mit dem Wagen hinein musste. Auf der Diele lebten die Kühe und die Pferde. An die Diele schließt sich das offene Flett, der Küchenbereich mit Feuerstelle, Sitzbänken und Tisch, an. Über dem Feuer wurden an einem Gestell der Schinken und die Würste so nebenbei geräuchert.

Manchmal wurde das Flett von der Diele durch ein Geländer abgeteilt um den freilaufenden kleineren Tieren den Zugang zur Küche zu versperren. Hinter dem Flett befanden sich dann die gute Stube und das Schlafzimmer der Bauern. Sehr schöne Beispiele solcher Häuser kann man im Heidemuseum in Walsrode oder im Freilichtmuseum Kiekeberg bei Hamburg besichtigen.

Bei einem Kötner war es anders. Diese am Dorfrand liegenden kleinen Häuser, **Katen**, waren im Besitz der Tagelöhner. Der kleine Anteil, der ihnen am Ackerboden zugebilligt wurde, war mager und bot wenig Ertrag.

Es bestand kein Recht auf Nutzung der Allmende als Viehweide. Kötner sicherten ihren Lebensunterhalt oft als Köhler mit der Herstellung von Holzkohle. Manche Kötner waren auch als Schäfer mit den Heidschnucken manchmal wochenlang auf der Heide unterwegs.

Wobei die Heidschnuckenherde aus Tieren von verschiedenen Höfen zusammengefasst wurde. Für die Übernachtung der Schäfer samt ihrer Herden wurden einsam stehende Schafställe mitten auf der Heide gebaut. So mussten die Herden nicht jeden Abend wieder zurück ins Dorf getrieben werden. Manchmal übernahmen auch die Altenteiler, die Großväter, diese Arbeit. Die Schafställe schützten die Herden vor den herum streifenden Wölfen. Nur in den etwa 65 Jahren zwischen 1948 und 2012 gab es in der Heide keine Wölfe. Heute sind die noch erhaltenen Schafställe ein typisches Heide-Fotomotiv und werden nur noch selten als Schafstall genutzt.

Erst 1807 beauftragte der Preußische König Friedrich Wilhelm III. den Freiherrn vom Stein mit Reformen zum Landbesitz. Er wollte vermutlich keine französische Revolution in seinem Königreich. Am 11.11.1810 wurde der erste Erlass des Preußischen Königs dazu rechtskräftig. Ab 1821 konnten von den Grundherren auch Abfindungen in Geld eingefordert werden.

In der Heide war es erst so ab 1848 für die Höfe möglich sich von den Meierlasten freizukaufen. Damit wurden die Bauern zu Grundbesitzern und konnten ohne Zustimmung die Höfe vererben oder verkaufen. Die Ablösungsverträge mit den Grundherren liefen oft über 20 bis 50 Jahre. Solche Verträge sind im Niedersächsischen Landesarchiv in Hannover noch bis heute erhalten. Dies war dann auch das Ende der Leibeigenschaft. Endlich waren auch die Bauern freie Menschen. Das Ganze ist erst 170 Jahre her, ca. sechs Generationen. Also nicht wesentlich länger als die Abschaffung der Sklaverei in den USA.

Nur die äußerliche Freiheit änderte noch nicht viel an den aus den langen Jahrhunderten entstandenen Lebensgewohnheiten der Menschen.

Seit dem Mittelalter wurde ein Leibeigener nur dann ein freier Mann, wenn er in die Stadt flüchtete. Geschickte Handwerker und Arbeitskräfte wurden in den wachsenden Städten gern gesehen. Flüchtete nun ein Handwerksbursche vor seinem Grundherren in die Stadt und gelang es dem Grundherrn nicht innerhalb eines Jahres diesen Burschen wieder zurückzuholen, so war die Leibeigenschaft beendet. Der Bursche war frei sobald er ein Jahr und einen Tag in der Stadt untergetaucht war. Heute ist diese Regelung noch in den Redewendungen: „Auf Jahr und Tag“ und „Stadtluft macht frei“ erhalten geblieben.

Natürlich blieb ein großer Teil des Bodens im Eigentum der Grundherrn und konnte von den nun freien Bauern zur Bewirtschaftung zurück gepachtet werden. An den Grund und Boden war auch seit jeher und bis heute das Recht zur Jagd gebunden. Zur Jagd durfte nur der Besitzer gehen. Bis zum ca. 12. Jahrhundert jagten auch die Bauern in der dünnbesiedelten Heide. Es war ein notwendiger Bestandteil zum Überleben in diesem armen Landstrich. Es war einfach ganz normal, einen Teil der Fleischbeschaffung mit der Jagd zu erledigen.

Später achteten die Grundbesitzer mehr auf die Einhaltung ihrer Jagdrechte. Sie wiesen große Flächen für die Jagd des Königs oder anderen Personen des Hochadels aus. Hier in der Heide heißen diese Wälder noch heute ...sunder. Der Stellichter Sunder z.B. gehört heute noch zu dem Rittergut der Familie von Behr. Das Wort Sunder kommt von sondern, aussondern. Mit dieser Aussonderung wurde auch die Jagd der Bauern zu strafbarer Wilderei.

Erst nach der Bauernbefreiung ca. 1848/50 gingen mit dem Grundbesitz auch die Jagdrechte wieder auf die Landbevölkerung über. Bei der bäuerlichen Jagd geht es heute noch um den Schutz der Ackerflächen und Wälder vor zu großen Wildschäden. Trophäen waren weniger wichtig als heute. Meistens wurden die schwachen und kranken Tiere erlegt. Die heutige Freizeitjagd hat andere Wünsche. Wild sehen und schießen, wenn schon Zeit ist anzusitzen. Ausnahmen gibt es natürlich auch. In dem Haus, in dem ich lange lebte, hingen im Flur Uropas Trophäen und da waren viele verdrehte Gehörne von Rehböcken dabei.

Der Wunsch nach Bildung entstand auch aus dem neuen Selbstwertgefühl der nun freien Menschen. Ihren Kindern sollte es mal besser gehen. Den Unterricht der Kinder in der „Guten Stube" dem Wohnzimmer der Bauern abzuhalten war nicht die reine Freude, auch wenn es Reihrund ging. In der zweiten Hälfte des 19. Jahrhunderts stellten ein oder mehrere Dorfgemeinschaften erstmals ein bisschen Land und ein Haus für einen Lehrer zur Verfügung. Das zum Schulhaus gehörende Landstück war keineswegs als Pausenhof sondern als Gemüsegarten gedacht. Der Lehrer musste auch einen Teil seiner Lebensmittel selbst erzeugen. Daneben erhielt er das Schulgeld der Eltern. Durch die Gründung von Dorfschulen konnten die Bauernkinder auch Lesen, Schreiben und Rechnen lernen. Alle Dorfkinder in einer Klasse. Die Älteren unterstützten die Jüngeren beim Lernen. Die Lehrer waren angesehene Dorfbewohner.

Sie wurden hier in der Heide respektvoll „Schoolmester“ oder norddeutsch knapp „Schemmes“ genannt. Meistens schrieben sie nebenbei noch an den Dorfchroniken und hielten so das Dorfleben und die Traditionen für die Nachwelt fest. Erst in den 1970er Jahren wurden die Dorfschulen aufgelöst. Es entstanden in den Kleinstädten größere mehrzügige Schulen und Gymnasien. Die Kinder wurden nach Alter sortiert und in eigenen Klassen unterrichtet, wie wir es heute überall kennen.

In einigen Dörfern wurden von der Gemeinschaft früher auch Armenhäuser eingerichtet. Die Landwirtschaft konnte nicht für alle Menschen Arbeit bieten. Die Familien hatten ja in früheren Jahrhunderten oft 10-14 Kinder. Durch die schlechten Lebensbedingungen wurden davon meistens nur 3-4 Kinder erwachsen. Doch es konnte nur eins auf dem Hof bleiben. Die anderen mussten weichen. Manchmal sind sie ausgewandert, fortgezogen bis nach Amerika, Afrika oder Australien. Noch heute heißen die Nicht-Hoferben in der Höfeordnung „Weichende Erben“ und werden nur gering abgefunden, damit der Hof als Ganzes bestehen bleiben kann. Deutlich geringer als der sonst übliche Pflichtteil in der gesetzlichen Erbfolge.

Gefeiert wurde in der Heide auch oft und gern. Es gibt auf allen Dörfern noch traditionelle Feste. In der Nordheide wird im Februar „Faslam“ gefeiert. Es ist die norddeutsche Form vom Karneval, mit Verkleiden und in einigen Orten auch mit Festwagenumzug. Der Falsamskerl wird im Festsaal unter die Decke gehängt und es wird in einigen Orten auch ein Faslamskönig auserkoren. Eine von altersher am Schnorren (Umzug durch das Dorf) teilnehmende Person ist der „Spoikenkieker“. Dieser Name lässt sich nicht wirklich ins Hochdeutsche übersetzen. Am ehestens trifft noch der Begriff wörtlich „Spuk-Seher“ (Spoiken = Spuk, Geister, Unsichtbares) und (kieken = sehen) zu. Beim Schnorren werden Eier, Brot, Wurst und Schnaps im Dorf erbettelt und dann anschließend in der Dorfkneipe als Spiegeleier auf Brot gemeinsam verspeist und mit dem Schnaps heruntergespült.

Als zweites Fest der Dorfgemeinschaften wird zu Ostern meistens am Ostersonnabend, mancherorts auch Ostersonntag das Osterfeuer entzündet.

Die Kinder freuen sich bereits Tage vorher auf das traditionelle Spiel des „Schwarzmachen". Wenn das Osterfeuer etwas herunter gebrannt ist, suchen sich die Dorfkinder angebrannte Äste und Holzstücke aus dem Feuer. Sollte solch ein Holz noch brennen, wird es auf kreative Weise ohne Wasser gelöscht. Austreten mit den Füßen führt gelegentlich zu angekokelten Schuhsohlen. Mit Sand löschen geht auch. Ist der Stock soweit abgekühlt, dass sie ihn anfassen können, machen sich die Kinder die Hände mit Ruß schwarz. Und dann geht es auf die Erwachsenen los. Möglichst unerwartet macht das Kind einem Erwachsen das Gesicht schwarz indem es die rußigen Hände durch dessen Gesicht zieht, durchaus auch überfallartig von hinten. Natürlich kreischen die Frauen, schimpfen die Männer und lachen die Kinder. Alle haben viel Spaß an dem Treiben. Natürlich haben Groß und Klein an dem Abend nicht gerade ihre besten Hosen und Jacken an, denn das Schwarzmachen geht auch manchmal etwas daneben. Ein Erwachsener passt auf, dass die Kinder nicht übertreiben und zu dicht ans Feuer gehen. Es soll ja zum Spaß bleiben. Positiver Nebeneffekt ist die gewonnene Erfahrung mit dem Element Feuer, seinen Kräften und seinen Gefahren.

Das Schützenfest ist das Dritte im Jahreskreis. Es wird üblicherweise in der Zeit zwischen Aussaat und Beginn der Ernte gefeiert. Es dauert oft zwei Tage, da zunächst der König ausgeschossen werden muss. Ein Wochenende später wird mit großer Zeremonie beim König die Scheibe ans Haus genagelt. Der König wird von seinem Haus mit einem Umzug zum Festplatz geleitet. Dort wird dann gefeiert bis zum Morgen.

Bis heute hat sich auf den Dörfern auch die Tradition der Pfingstbäume „Pingstböm" erhalten. Die männliche Dorfjugend fährt in den Wald und sägt eine Anzahl junger Birken ab.

Die jungen Männer bringen den jungen unverheirateten Mädchen am Pfingstsonnabend eine davon vor die Tür. Natürlich gibt es dann einen Schluck Schnaps als Dankeschön. Alle haben dabei ihren Spaß, denn es dauert für die Jungs viele Stunden einmal ums Dorf zu kommen. Am Ende sind alle duhn, norddeutsch für betrunken.

Die Erntefeste werden hier in der Heide nach Abschluss der Getreideernte und zweiten Heuernte meistens Anfang September gefeiert. In früheren Zeiten, bevor es Mähdrescher gab, war es schwere körperliche Arbeit das Korn zu mähen und einzufahren. Lange Tage von Sonnenaufgang bis zum Sonnenuntergang wurde auf dem Feld gearbeitet. Die Männer mähten mit der Sense das Getreide, die Frauen banden es zu Garben. Diese wurden auf dem Acker in Hocken zum Nachtrocknen aufgestellt. Später wurden sie dann auf Pferdegespanne aufgeladen und nach Hause gebracht. Oft mit einem drohend aufziehenden Sommergewitter im Nacken. Regen würde dann im letzten Moment die Ernte eines ganzen Jahres verderben. Gedroschen wurde das Getreide in früheren Zeiten erst im Winter auf der Diele, bis dahin lag es am Halm auf dem Dachboden.

Zum Erntefest wurde von der Dorfgemeinschaft ein Erntebauer bestimmt, oft ging es nach einer überlieferten Reihenfolge. Die Dorfjugend half der Erntebäuerin bei dem Binden und Schmücken der Erntekrone aus Getreide einige Tage vor dem Fest. Sie wurde dann am Erntefest dem ganzen Dorf bei einem Ummarsch präsentiert. Wenn im Hause eine Tochter war, so bekam sie die ehrenvolle Aufgabe das Erntegedicht vorzutragen. Dieses Erntegedicht wurde jeweils neu von den Erntebauern in Reimform geschrieben und zusammengestellt. Natürlich wird auch der Psalm „So danket alle Gott..." zu Anfang des Festes gemeinsam gesungen. Menschen, die auf dem Lande leben und auch Landwirtschaft betreiben, wissen einfach noch wie abhängig das eigene Leben von der Natur und ihren Gesetzen ist. Wie dankbar der Mensch für eine gute Ernte sein sollte.

Für die Dorfkinder gab es dann das „Mattenherrn" am 10. November. Alle Kinder trafen sich. Die jüngsten waren gerade zur Schule gekommen und die ältesten wurden in dem Jahr konfirmiert.

Die ältesten Kinder führten die Aufsicht und alle gingen gemeinsam im Dunkeln von Haus zu Haus durch das Dorf und baten um Süßigkeiten oder ähnliches. Gesungen wurde:

Matten, Matten, Heern,
die Äppel und die Beern,
die mögen wi so geern,
d´rum laat us nich so lange stohn
wi möt ock noch wiedergohn.
Hier hin , door hin
und noch överall.

Am Ende der Runde wurde dann die Beute aufgeteilt. Anders als beim heutigen Halloween ging es dabei nicht um Streiche. In Hamburg und weiter nach Norden bis nach Dänemark gab es ein ähnliches Ritual allerdings am Silvestertag. Das Rummelpottlaufen. Dabei zogen verkleidete Kinder mit einem bespannten Topf von Haus zu Haus und begleiteten ihren Gesang mit dem Rummelpott. Heute sind diese traditionellen Aktionen weitestgehend vom aus Amerika bzw. Irland kommenden Halloween verdrängt worden.

Danach folgen nur noch Weihnachten und Silvester als Jahresabschluss. Diese werden in der Heide ziemlich genauso gefeiert wie überall in Deutschland.

Das Leben in der Heide war für die Menschen mit harter Arbeit verbunden. Traditionell bestand ein Heidehof, neben den Acker- und Weideflächen, auch aus je einem Stück Wald, Moor und Heide. Auch gehörte eine Sandkuhle zum Hof. In den Häusern und Stallungen wurde immer Sand benötigt.

Der helle Heidesand war früher die Basis für Scheuerpulver, Scheuersand eben. Es gibt auch ein beliebtes gleichnamiges Mürbeteiggebäck. Heidesand-Kekse werden zum Kaffee gereicht. Sie gibt es in hell und in dunkel. Mal schlicht, aber auch in kariert oder gestreift je nach Kunstfertigkeit des Bäckers.

Neben den bekannten Bauernhoftieren wie Kühe, Schweine, Hühner und Gänse wurden Heidschnucken und Bienen auf jedem Hof gehalten. Die echte Heidebiene ist schwarz und aggressiver als die heutige Hausbiene. Das musste sie auch sein, um in der durch andere Insekten bienenunfreundlichen Heide zu überleben. Die Heidebiene wird heute nur noch selten gehalten.

Die Heide blüht erst ab Mitte August bis Mitte September. Bis dahin haben sich natürlich auch die Spinnen gut vermehrt. Gerade die Heidesträucher bieten gute Gelegenheit zum Netze bauen. Heute weiden ja nur noch selten Heidschnuckenherden auf der Heide und zerreißen beim Abfressen die Spinnennetze. Daher bleiben viele Bienen in den Netzen hängen. Echter Heidehonig ist eine Köstlichkeit, den sammeln inzwischen meistens die normalen Hausbienen. Der Imker geht mit zwei Völkern in die Heide und kommt nur mit einem zurück. So hoch sind die Verluste an Bienen in der Heideblüte.

Die Vielfalt auf den Höfen sorgte für den unabhängigen Lebensunterhalt in der kargen Landschaft. Geld gab es bis zum Ende des 19. Jahrhunderts auf den meisten Höfen nur sehr wenig. Es konnte ausschließlich durch den Verkauf von überschüssigen Erzeugnissen des Hofs bekommen werden und bedeutete oft eine besondere Kraftanstrengung der Familien. Vor Einführung der künstlichen Düngemittel wurde das Heidekraut zur Bodenverbesserung auf den Äckern genutzt. Es wurde mit einer großen langstieligen Hacke samt Wurzeln abgeplaggt, so der Fachbegriff in der Heide. Es wurde mit Muskelkraft von der Erde abgeschlagen. Männerarbeit, weil eine echte Plaggerei. Trotzdem waren die Erträge mager auf dem Heidesand.

Um die Heidehöfe stehen immer ein paar Hofeichen. Sie dienten nicht nur als Windschutz, sondern lieferten auch Möbel- und Bauholz. Früher wurden nach jeder Geburt eines Kindes Eichen am Hof gepflanzt. Nicht nur damit Holz für die genannten Zwecke zur Verfügung steht, wenn das Kind erwachsen ist und heiratet, sondern auch für einen Sarg, in der Hoffnung, dass es bis dahin 70 -80 Jahre dauern würde.

Üblicherweise nannten die Kinder auf den Dörfern die Nachbarn Onkel und Tante. Für jemanden aus der Stadt sehr ungewöhnlich. Dennoch war es auf dem Dorf berechtigt. Über Jahrhunderte wurde nur im Umkreis von „soweit die Füße tragen“ geheiratet. Manchmal eben auch nur bis zur nächsten Hofstelle. Daher waren die Menschen wirklich meistens miteinander verwandt und die Anrede zutreffend. Erst nach dem zweiten Weltkrieg bestand dann die Möglichkeit in weiterem Umkreis auf Brautschau zu gehen.

Das Bauernhaus hatte keinen Schornstein sondern es war ein Rauchhaus, d.h. der Rauch zog vom Flett durch das Reetdach ab. Im Winter war es innen daher nur einige Grad wärmer als draußen. Das auf der Diele aufgestallte Vieh half mit das Haus frostfrei zu halten. Neben dem Haupthaus gab es stets einen Speicher auf dem Hof. Im zweigeschossigen Speicher wurde in einer Truhe die Sonntagskleidung aufbewahrt. Sie sollten nicht nach Rauch riechen. Im Erdgeschoss des Speichers wurden oft die Dinge für das Imkern aufgehoben. Werkzeuge fanden dort auch ihren Platz.

Eine Seite der Feldsteine ist flach, so dass man eine ebene Fläche bekommt, sofern man sie richtig ausrichtet. In der Heide heißen die Feldsteine, die sich zum Pflastern eignen „Kattenköppe“, hochdeutsch „Katzenköpfe“. Auf dem traditionellen Heidehof war eine größere Fläche vor der dreiflügeligen Dielentür mit Kattenköppen befestigt. Dort war der Haupteingang und wurde von Mensch und Tier viel benutzt. Ebenso wurden die Erntewagen durch die „Grootdör“ ins Haus gezogen um Getreide oder Heu auf dem Dach-Heuboden zu lagern und beim Stall ausmisten.

Diese stark beanspruchte Hoffläche wurde natürlich auch schnell zum Matschloch. Es wurden dann nach und nach auch andere stark beanspruchte Flächen des Hofes gepflastert. Vor der Seitentür zum Wohnbereich, vor Scheunen und Speichern.

Feldsteine gab es in der Heide stets. Bei jedem Pflügen des Ackers kommen bis heute immer wieder neue Steine ans Licht. Die größeren werden mit der Forke von Hand eingesammelt und in die Frontladerschaufel des Treckers getan. Am Feldrand wird dann die Schaufel ausgeleert und es entsteht ein lockerer Damm aus Feldsteinen. Eine schwere und unbeliebte, aber notwendige Arbeit. Traditionell hilft die ganze Familie dabei. Eins der größeren Kinder darf dann den Trecker langsam über das Feld fahren, während alle anderen die Steine aufsammeln. Das Kind, das den Trecker fahren darf, freut sich natürlich besonders über diesen Einsatz. Die Steine beschädigen die Pflugschare und anderen Ackergeräte bei der Feldbestellung. Neuerdings werden alle paar Jahre Steinsammelmaschinen über einzelne Äcker geschickt. Wie ein Kartoffelroder sieben sie kleine bis mittelgroße Steine aus dem Ackerboden. Die Steine fallen vom Siebband dann in einen Bunker, die Erde fällt zurück auf das Feld. Große Haufen kleinerer Steine am Wald oder Ackerrand zeugen vom Entleeren der Bunker. Meistens werden die Steinsammler über das Feld geschickt, wenn dort in diesem Jahr Kartoffeln angebaut werden sollen. Es erleichtert dann die Kartoffelernte deutlich, da beim Roden weniger Steine von Hand aus den Kartoffeln aussortiert werden müssen. Auf der Heide wachsen Kartoffeln von sehr guter Qualität.

Manchmal werden auch beim Pflügen richtig große Findlinge entdeckt. Zum Bergen werden dann heute durchaus Bagger und Tieflader eingesetzt, da sogar die großen Traktoren davon überfordert sein können. Wenn man so eine Findlingsbergung mal beobachtet hat, ist man umso mehr beeindruckt von der Arbeitsleistung der Erbauer der Hünengräber. Sie taten es ohne Bagger und Tieflader. Mit „menpower“ und einfachen Werkzeugen.

Mancher Bauer sagt mit einem Augenzwinkern: „Am besten wachsen die Steine auf meinem Feld." Die arme Heide ist eben bis heute steinreich.

Die Megalithanlagen werden klassisch nach dem Alter, der dort gefundenen Artefakte, datiert. Scherben aus der Trichterbecherkultur und Feuerstein-Werkzeuge aus der Jungsteinzeit sind in oder bei allen Großsteinanlagen gefunden und analysiert worden. Daher wird das Alter zwischen 3500 und 2800 Jahren vor unserer Zeitrechnung festgelegt. Ich schließe mich in soweit auch dieser Meinung, mehr ist es ja nicht, an. Zumindest, dass zu der Zeit diese Anlagen standen und dort Begräbnisse oder religiöse Zeremonien stattgefunden haben. Das ist unzweifelhaft. Aber waren diese Menschen tatsächlich die Erbauer?

Wir werden es wohl nie mit Sicherheit sagen können, da die Steine sich nicht so datieren lassen. Es gibt auch viele Stimmen, die der Ansicht sind, dass diese Steinrelikte viel älter sind. Möglicherweise hatten die Erbauer ja gar nicht den Wunsch über das Aufrichten der Findlinge hinausgehende Spuren zu hinterlassen. Kann doch sein, oder?

Manchmal werden die Steinsetzungen auf ein Alter von 25.000 Jahren geschätzt. Das glaube ich nun auch wieder nicht. Ich denke sie sind nach der letzten Eiszeit gebaut worden und damit nicht wesentlich älter als 11.700 Jahre. Selbst wenn der in Verden ausgestellte Speer und die Elefantenknochen bereits 120.000 Jahre alt sind, bedeutet das nur: Hier lebten vor der letzten Eiszeit bereits Menschen.

Seit vor rund 200 Jahren die ersten Deutschen sich mit vorgeschichtlichen Funden zu beschäftigen begannen, galten Steinzeitmenschen und Neandertalern noch als dumm und nicht dazu in der Lage irgendwelche komplexeren Vorgänge zu verstehen. Aufrecht gehende Affen mit weniger Haaren.

Aus der Geschichte der Eroberungen von Amerika, Afrika und Australien wissen wir ja heute, dass alle Menschen, die vorher in den eroberten Kontinenten lebten, als unzivilisierte Wilde eingestuft wurden, wie Tiere. Damit war es nach christlichem Glauben keine Sünde sie zu töten.

Nur die Ägypter, Griechen und Römer wurden als Hochkulturen anerkannt. Die Europäer fühlten sich überlegen. 1884/85 unter Moderation von Bismarck zogen die Europäischen Könige die Grenzen ihrer Kolonien in Afrika mit dem Lineal auf der Landkarte, welche Hybris.

So auch den Steinzeitmenschen gegenüber. Ja, sie hinterließen keine Schrift oder ähnliches. Trotzdem denke ich nicht, dass sie weniger intelligent waren als wir heute. Die Scheibe von Nebra zeigt, wie viel von Astronomie bereits vor ungefähr 3600 Jahren hier im Norden verstanden wurde.

Inzwischen wurden ja auch die Neandertaler durch neue Erkenntnisse rehabilitiert. Wandmalereien im spanischen La Pasiega mit einem geschätzten Alter von 66.000 sind eindeutig vor Ankunft des modernen Menschen in Europa entstanden. Genauso das ca. 176.000 Jahre alte Bauwerk aus Stalagmiten in der französischen Bruniquel-Höhle. Es ist ein überliefertes Vorurteil aus den vorvergangenen Jahrhunderten, sie wären alle dumm gewesen.

Die Kelten galten lange Zeit als Barbaren, weil Tacitus sie so nannte. Inzwischen ist durch archäologische Funde nachgewiesen, dass sie Handelsbeziehungen von der Ostsee bis in den vorderen Orient unterhielten. Zeugnisse ihrer handwerklichen Fähigkeiten finden wir in den Museen. Möglicherweise verfügten sie auch bereits über ein schnelles Nachrichtensystem von dem die Römer nichts wussten. Die Geschichte wurde wie immer von den Siegern geschrieben. An der Stelle geht es dann eher um Selbstdarstellung als um Objektivität und Wahrheit.

Wissen wurde sehr lange in Europa nur mündlich überliefert. Wie lange wurde in Europa Lesen und Schreiben den Menschen durch die Kirchen und den Adel vorenthalten? Auch in Europa wurden über anderthalbtausend Jahren die Menschen dumm gehalten. Und in Leibeigenschaft sprich Sklaverei. Absichtlich, um ein Machtmonopol aufrecht zu erhalten.

Es drängt sich bei mir die Frage auf: Wie frei sind wir denn heute, jeder einzelne oder auch alle zusammen? Wir können ja inzwischen Lesen und Schreiben. Jedem ist heute fast das gesamte Wissen der Menschheit durch das Internet zugänglich. Dennoch werden wir immer noch klein gehalten, unfrei, nur die Mittel sind andere. Normal sein zu sollen, was auch immer normal sein bedeutet. Den ganzen Tag Arbeiten müssen, auch wenn man es nicht mag, damit man das Häuschen abbezahlen kann, weil sonst die Bank den Kredit kündigt. Die Kinder groß zu bekommen mit höchstmöglicher Ausbildung kostet je Kind auch soviel wie ein Einfamilienhaus. Gut, gehorsam und willig unter allen, auch den widrigsten, Umständen zu funktionieren, damit die „Kohle" reicht? Geldmachen als Konzept für ein erfülltes Leben? Eigenes Leben wird, wenn es dann noch möglich ist, auf die Zeit der Rente verschoben mit ein bisschen Kreuzfahrt und Reisen. Wo bleibt da die Zeit für kreative Ideen und leben des ganz individuellen Lebenssinnes?

Brot und Spiele, damit das Volk ruhig bleibt und macht, was man ihm sagt. Wie im alten Rom.

Da frage ich mich dann doch ernsthaft: Gibt es überhaupt eine Evolution?

Wie das Moor entstanden ist

Grundsätzlich wird zwischen zwei Arten von Moor unterschieden. Niederung- bzw. Flussmoor und Hochmoor. Beide unterscheiden sich sowohl durch die Lage als auch durch die dort heimische Tier- und Pflanzenwelt.

Ein Flussmoor entsteht in den Uferbereichen von Flüssen und wird von Wasser durchflossen. Sumpfige Flusstäler sind bewachsen mit hohem Reet und Schilf. Sie bieten Lebensräume für viele seltene Vögel. Schöne Flussmoore findet man noch an der Trebel bei Tribsees im Landkreis Vorpommern-Rügen und natürlich auch am „Amazonas des Nordens“ der Peene. In Menzlin in der Nähe von Anklam gibt es einen Bootsverleih für Fahrten auf der Peene durch die Flussmoorlandschaft. Ganz in der Nähe des Bootsverleihs liegen auch mehrere Wikingergräber. Einige davon haben richtig Sound. Wenn man mal in der Nähe von Anklam ist, lohnt sich ein Abstecher nach Menzlin.

Das Grundlose Moor ist ein Hochmoor mit einer langen Entwicklungsgeschichte. Hier in der Heide gibt es noch viele Reste von Hochmooren. Sie sind nach der letzten Eiszeit entstanden, als sich Schmelzwasser und Regenwasser in Senken sammelte. Liegt am Grund dieser Senke eine wasserundurchlässige Bodenschicht kann es nicht versickern. Das Wasser staut sich auf und findet keinen Ablauf.

Dieses stehende Wasser ist wenig sauerstoffhaltig und vom Ph-Wert sauer. Unter diesen Bedingungen können nur wenige Pflanzen überleben.

Die wichtigste Pflanzenart zur Entstehung eines Moores ist das Torfmoos. Es schwimmt auf dem Wasser und füllt nach und nach die gesamte Oberfläche des Sees. Nur stark vom Wind in Unruhe gebrachte Wasserflächen bleiben frei. Stirbt das Moos dann ab, sinkt es zu Boden.

Durch den niedrigen Sauerstoffgehalt kann es sich nicht zersetzen und sammelt sich im Laufe der Zeit als weiche Schicht am Grund des Wassers an. Die Schicht wächst nur um ca. 1 mm im Jahr. Es braucht rund 1000 Jahre bis 1 Meter Torf entstanden ist.

Solange Regenfälle und Wasserverbrauch durch Pflanzen und Verdunstung etwa ausgeglichen sind wächst das Moor stetig weiter. Es kann auch über die Höhe des Randes der ehemaligen Senke hinauswachsen, daher der Name Hochmoor. Die Torfschichten bilden einen riesigen nassen Schwamm. An höheren trockeneren Stelle siedeln sich dann auch andere niedrige Pflanzen an. Kleine Beerensträucher und Sauergräser wie das Wollgras und picksige harte Seggen. Der inzwischen seltene Sonnentau, eine fleischfressende Pflanze, wächst auch wieder häufiger in den unter naturschutzstehenden Mooren.

Der Sonnentau benötigt zum Wachsen mehr Stickstoff als er aus dem Boden erhalten kann. Moor ist stickstoffarm. Der Sonnentau kann mit seinen klebrigen Blättern Insekten anlocken und festhalten. Hat sich ein Insekt verfangen, rollt sich das Blatt ein und verzehrt das Insekt. Auf diese geniale Weise bekommt die Pflanze den Stickstoff, den sie zum Leben braucht.

Da Bäume zum Wachsen auch mehr Stickstoff benötigen entstehen diese weiten baumlosen Landstriche der großen norddeutschen Moorgebiete.

Durch die stehende Nässe gibt der Boden unter den Füssen nach und es sammelt sich Wasser in den Spuren. Oder man versinkt einfach. Die Oberfläche ist trügerisch. Sie sieht tragfähig aus, ist es aber nicht. Selbst solide aussehende Grasbüschel geben unter den Füssen nach. Durch die Nässe bilden sich auch sehr häufig in der Dämmerung mehr oder weniger dichte Nebelschwaden über dem Moor und machen schnell orientierungslos. Mancher Unerfahrene ist ins Moor gegangen und nicht wieder gekommen.

Manchmal tauchen sie dann als gut erhaltenen Moorleichen Hunderte von Jahren später bei Torfabbauarbeiten wieder auf. Die Ötzis des Nordens.

Viele Gruselgeschichten haben das Moor als Hintergrund. Seit jeher hatte der Mensch Furcht vor dieser trügerischen Landschaft. Es war über Tausende von Jahren äußerst gefährlich ein Moor durchqueren zu müssen. Viele Geschichte über Hexen, Geister und Irrlichter wurden überliefert und sind Ausdruck und Abbild dieser im Moor lauernden Gefahren, dieser Atmosphäre einer Nacht im Moor. Die Menschen wussten um die Gefahren und warnten mit diesen Bildern und Geschichten vor dem Betreten. Kein guter alter englischer Krimi kommt ohne Szenen im Moor aus.

Dieses Wissen, Bewusstsein der Gefahren, veranlasste die Menschen dann wohl dem Moor und seinen Bewohnern auch Opfer zu bringen. Waffen, wertvolle Haushaltsgegenstände, Schmuck und Tieropfer wurden bei der Torfgewinnung bereits wiedergefunden. Es ist auch wahrscheinlich, dass die eine oder andere an solchen Plätzen gefundene Moorleiche ein rituelles Menschenopfer war.

Der Mensch fing irgendwann an das Moor zu nutzen. Durch den Bau von Gräben wurde das Moor entwässert. Es wurde begehbar. Hölzerne Wege und Stege machten es möglich moorige Böden gefahrlos zu überqueren. Die Menschen fanden heraus, dass getrockneter Torf ein gutes Brennmaterial ist. Noch bis zur Mitte 20. Jahrhundert wurde hier in der Heide Torf als Brennmaterial gestochen. Pferde und Menschen bekamen große Moorschuhe an um nicht so leicht einzusinken. Hier und da wurden im 19. Jahrhundert auch Torfbahnen gebaut oder in großen Mooren wurde der Torf auf Kähnen abtransportiert.

Auf dem Hof, der viele Jahre mein Zuhause war, hieß die Holzkiste für das Feuerholz in der Küche immer noch: Torfkasten, obwohl schon fünfzig Jahre oder länger kein Torf mehr verheizt wurde.

Da auf Moorboden keine Bäume wachsen, zu sauer, zu nass, waren die vorhandenen Bäume als Bauholz wichtig und zum Verfeuern zu kostbar. Letztlich ließ sich mit dem Verkauf von Holzkohle an die Lüneburger Salzsieder mehr Geld verdienen.

Torf wurde von den Heidebewohnern auch als Einstreu in den Viehställen verwendet. Stroh war notwendiges Winterfutter für die Tiere und knapp. Auf dem Moor gedeiht kein Getreide. Moorboden eignet sich je nach Trockenlegung nur für Viehweiden oder für den Anbau von Buchweizen. Er bildete über Hunderte von Jahren in Form von Pfannkuchen oder Grütze das Grundnahrungsmittel in der Heide.

Inzwischen wird in der Heide kein Torf mehr abgebaut und die Moore werden wieder vernässt und mit großem Aufwand renaturiert. Die Spuren des Torfabbaus werden noch sehr lange die unter Naturschutz gestellten Moore prägen. Neben dem Grundlosen Moor mit See gibt es bei Schneverdingen noch das Pietzmoor als großes in Renaturierung befindliches Hochmoor. Auf dem dort angelegten Bohlenweg kann man einen großen Rundweg um die alten großen Torfstiche machen und bekommt noch einen anderen Einblick in die Folgen und über den Umfang des Torfabbaus.

Durch die Renaturierung siedeln sich zum Glück wieder viele im Moor typischen Pflanzen und Tiere an. Ganz langsam entstehen wieder Biotope wie sie einem Hochmoor entsprechen. Inzwischen selten gewordene Kreuzottern, Ringelnattern und Blindschleichen finden Lebensraum in den ruhigen Mooren.

Dennoch wird sich der Mensch noch viele Jahrhunderte um den Erhalt der Moore kümmern müssen, da sie sonst innerhalb von wenigen Jahren zu Wald werden würden. Trotz des Schließens der Abzugsgräben steigt der Wasserspiegel in den Mooren nur ganz langsam an. Sollte es weitere Dürrezeiten geben, wird er wohl niemals wieder auf sein altes Niveau kommen.

Jakobswege in der Heide

Pilgern boomt ja wieder. Unser Alltag ist sehr geschäftig und schnell. Pilgern lädt bereits seit Menschengedenken dazu ein von seinem Alltag Abstand zu nehmen. Nachdenken, hinschauen, vielleicht auch Prioritäten neu setzen. Die gleichmäßige Bewegung des Gehens unterstützt diesen inneren Prozess. Heilige Orte auch. Sie sind die Ziele meiner persönlichen Pilgerwege.

In ganz Europa wurden in den letzten Jahren Jakobspilgerwege wieder ausgewiesen. So auch in der Heide. Es wurde über Jahrhunderte gepilgert. In der Heide fand man im Jahr 2000 noch ca. 50 erhaltene Pilgerzeichen. Daraufhin wurde der Jakobsweg als Jacobusweg wiederbelebt. Santiago de Compostela ist weit und nicht immer wurde bis nach Spanien gewandert. Ziele waren immer Klöster oder Wallfahrtskirchen.

Hier in der Heide ist vor ein paar Jahren der Jacobusweg zusammengestellt worden, der über alte Pilger- und Handelswege durch die Heide führt. Am Wegesrand liegen Heideflächen, alte Kirchen und Megalithanlagen. Viele Bauten sind 800 bis 1200 Jahre alt. Die gelbe Muschel auf blauem Grund markiert den Weg. Er beginnt bei der Hamburger St. Jacobi Kirche und endet am Kloster Mariensee in der Nähe von Hoya. Die 390 km sind in einzelnen Etappen von 10 km bis maximal 44 km Länge aufgeteilt. Das erste Stück führt von Hamburg nach Soltau. Dort teilt sich der Weg und man kann über Walsrode und das Aller-Leine-Tal zum Kloster Mariensee pilgern.

Die zweite Möglichkeit führt von Soltau in einem Bogen durch die zauberhafte Südheide über Bergen, Hermannsburg und Celle mit seinem Schloss. 10 km vor dem Kloster Mariensee treffen dann beide Wege wieder zusammen. Zwischendrin kreuzt sich der Jacobusweg mit anderen alten Pilgerwegen. Es werden viele Übernachtungsmöglichkeiten und auch geführte, begleitete Strecken angeboten.

Für Menschen, die nur Wandern möchten gibt es alternativ noch den Heidschnuckenweg, der von Hamburg-Fischbek bis nach Celle über 223 km schönste Heide führt. Hier sind die Etappen zwischen 7 km und 27 km lang.

Dazu gibt es unter www.lüneburger-heide.de beim Punkt „Wanderwege für mehrere Tage" reichliche Informationen und fertige Angebote. Ich mag es lieber selbstgemacht.

Es war einmal...

Es war einmal eine Königin. Ihr Reich hatte sich vor Jahren verdunkelt. Das strahlende Weiß ihrer Ankunft war nach und nach gewichen. Unmerklich zunächst, bis dann mit einem Male tiefste Finsternis war. Das erschreckte die Königin, aber sie konnte nichts dagegen tun. Alle ihre Versuche reichten nicht die Finsternis wieder zu vertreiben. Sie brauchte dringend Hilfe.

Das sah nun ein Priester und ihm wurde weh ums Herz dabei. Er hatte viele Dinge studiert und geübt, hatte viele Wege gefunden. Jetzt war sein größter Wunsch, der Königin beizustehen, um das Licht in ihr Reich zurückzuholen. Er arbeitete jahrelang hart mit der Königin daran und tatsächlich schwand die Finsternis Stück für Stück wieder. Aber sie verschwand nicht vollständig. Das Dunkel wich einem silbernen Grau, nur Weiß wollte es nicht wieder werden.

An einem sonnigen Herbsttag gingen die beiden nun so durch den Wald spazieren und kamen an einen seltsamen Ort. Ein Häuschen stand dort. Es war verlassen und schon ein wenig verfallen. Neugierig betraten sie es vorsichtig und der Priester erkannte, dass hier ein Teil der Lösung lag. Aber er konnte noch nicht sagen, was zu tun wäre. So gingen sie wieder nach Hause. Der Priester hatte jetzt keine Ruhe mehr und dachte über das verlassenen Häuschen nach, befragte seine Orakel und besprach sich mit seinen Beratern.

So verstrichen ein paar Wochen, die der Priester mit der Suche nach einem Weg verbrachte. Es war seine Bestimmung den Weg zu finden, das wusste er tief im Herzen. Eines Tages saßen der Priester und die Königin im Schloss wieder einmal beisammen, um nach der Antwort zu suchen.

Die Königin hatte auf dem Tisch eine Zeichnung ihres Reiches ausgebreitet. Die Sonne schien auf das Pergament, als wolle sie Licht ins Dunkel bringen. In diesem Augenblick hatte der Priester eine Eingebung.

„Wir müssen uns wie die Vögel in die luftigen Höhen hinaufschwingen, um dann von oben sehen zu können, wo der Grund der Dunkelheit liegt." sprach er in die Stille. Im Nu breitete er seine Schwingen aus und erhob sich. Die Königin spürte, dass er sie mit sich zog und war damit einverstanden.
Hoch ging es und immer höher.

Plötzlich wurde die Königin von unsäglichem Schmerz erfasst, aber der Priester flog noch höher und nahm die Königin mit. So verblasste der Schmerz denn auch wieder. Von oben sah die Welt tatsächlich völlig anders aus und der Priester konnte von hoher Warte auf das Reich schauen.

Er nahm die Feder und malte damit hier und da kleine Kreuzchen auf das Pergament. Noch in luftiger Höhe kreisend erklärte er: „Hier, hier an diesem Ort", und deutete auf ein Kreuzchen, „liegt der Grund für die Dunkelheit. Dieser Ort gehört zu dem verlassenen Häuschen. Ihm ist ein Leid widerfahren.

Es wird Zeit ihn zu heilen, damit das Licht zurückkehren kann und wieder ein Gleichgewicht entsteht! Du musst dort hingehen, aber nicht allein. Du musst die Weise mitnehmen. Nur sie kann den Ort heilen und das Licht dort entzünden. Geht beide! Bald!

Hier, nimm das Pergament als Hilfe!"

Daraufhin schickte die Königin einen schnellen Boten zur Weisen, um sie zu Bitten mit ihr am übernächsten Tag diesen Weg zu gehen. Der Bote brachte auch sofort die erfreute Zustimmung der weisen Frau mit zurück.

Am übernächsten Tag, so um die Mittagszeit, ließ die Königin anspannen und begab sich zum Haus der Weisen, um sie abzuholen.

Die Weise wartete schon fertig vorbereitet, mit gepacktem Ranzen und hocherfreutem Herzen auf die Königin. Jede von ihnen hatte heute einen roten Mantel und blaue Beinkleider angetan, dabei hatten sie nichts dergleichen verabredet.

Der Ort, den sie suchen sollten, lag weit entfernt, an der Grenze des Reiches, tief im dunklen Wald versteckt, aber beide hatten die Gewissheit im Herzen, ihn zu finden. So fuhren sie denn bis an den Rand des Waldes zu den einsamen Hütten der fahrenden Händler, die dort fernab lebten.

An dieser Stelle mussten sie das Gespann zurücklassen, um den Rest des Weges zu Fuß zu gehen. Frohgemut und voller Achtsamkeit fassten sich die Frauen an den Händen und machten sich auf den noch einladend vor ihnen liegenden Weg. Der Weg war breit und wurde, soweit die Augen schauen konnten, von der strahlenden Herbstsonne erleuchtet.

Darüber wölbte sich ein kristallblaues hohes Himmelsgewölbe.
Das sehend, sagte die Weise mit ruhigem Sinne
und fester Überzeugung:
„Heute ist der richtige Tag!“

Unbemerkt durch die beiden Gutherzigen, wurden sie von einer alten Buche am Wegesrand mit vielen Augen beobachtet. Nur für den Wald weithin hörbar jubelte der alte Baum: „Sie kommen! Sie sind endlich da! All unseren Lebtag haben wir auf diesen Moment gewartet! Hurra!“ Alle Tiere und Pflanzen des Waldes erfasste tiefe Freude über diese Nachricht.

„Haltet die Verwirrwichtel zurück! Und zeigt den Beiden den richtigen Weg! Unsere Heilung naht!“ sprach die mächtige Tanne gewichtig, die alle Bäume weit und breit hoch überragte. Alle Wesen des Waldes hörten nur zu gern auf die alte weise Tanne, die schon mehr Stürme überstanden hatte, als alle anderen Bäume um sie herum.

Für die Weise und die Königin war nur ein Rauschen der Blätter zu vernehmen.

Bald darauf kamen die beiden Wanderinnen an ein Tor aus Fels. Die Weise sprach: „Bitte, dürfen wir eintreten?“ Die Felsen dachten, etwas mürrisch und für kein Ohr vernehmbar: „Ja doch, wir haben schon so lange auf euch gewartet und weiter als so, können wir euch den Weg nicht frei machen, aber nett das ihr trotzdem fragt!“ Die beiden durchschritten das Tor und betraten eine andere Welt. Dichtes mannshohes Farnkraut wuchs üppig zu Füßen der mächtigen Bäume und färbte den Weg ganz golden.

Nach wenigen Schritten überfiel eine große Kälte die Frauen. Sie kroch aus der Erde kommend, den beiden an den Beinen hoch und machte die Schritte schwer. „Wir sind richtig“, sagte die Weise. Sie gingen weiter und weiter. Langsam wich die Kälte wieder zurück und kurz darauf erreichten sie ein zweites Tor, das ebenso sperrangelweit geöffnet war.

Dieses Tor war ein Hölzernes mit kreisrunden funkelnden Augen, die den beiden aufmerksam hinterher schauten.

Nachdem die Weise und die Königin noch ein Stück weiter auf dem schnurgeraden Weg gewandert waren, rief die Weise: „Sieh mal, dort...am Baum! Die Kobolde des Waldes haben uns ein Zeichen, das uns den Weg weist, an dem Baum gemalt!" Die Königin folgte mit ihrem Blick dem ausgestreckten Arm der Weisen und dann sah auch sie die großen Zeichen am Baum. Jemand hatte dort ein großes, lang gestrecktes rosafarbenes Dreieck, das auf einen kreisrunden Punkt wies, an die dunkle Rinde gemalt.

Die Herzen der Frauen machten einen Freudensprung, weil sie spüren konnten, dass die größeren wohlwollenden Mächte die Hände der Kobolde geführt hatten, um ihnen den Weg zu weisen.

Bald darauf kamen sie an eine Wegkreuzung und ein weiteres rosa Zeichen gebot ihnen auf dem linken Weg weiterzugehen. Dieser Weg führte nun tief in den Wald hinein und die Sonne drang nicht mehr so hell durch die Baumwipfel. Dicht an dicht standen die Bäume beieinander.

Nur in der Ferne sang noch der eine oder andere Vogel. Der Weg selbst war in Stille getaucht. Je tiefer sie dort eindrangen, umso unangenehmer wurde der Weg. Sie kamen ihrem Ziel immer näher und das war der Grund, weshalb sie so fühlten.

Nach einer Weile gabelte sich der Weg. Diesmal wies ein gelbes Zeichen auf den Weg nach Rechts, der groß und einladend in das Sonnenlicht zu führen schien. Der linke Weg dagegen war schmal, finster und der Boden trügerisch. Drei weiße Pilze streckten sich wie zur Verteidigung des Durchgangs in die Höhe.

Die Wanderinnen hielten inne.

„Welchen Weg geht es nun weiter?“, fragte die Weise. „Rechts oder links?“ Im Herzen der Königin war schon ohne jeden Zweifel die Entscheidung für den linken Weg gefallen, aber etwas hielt sie zurück, es auszusprechen.

Das Zögern der Weisen musste ja einen Grund haben. Kaum war dieser Gedanke zu Ende gedacht, schon erschienen drei Hirsche am Rand des rechts liegenden Weges.

Die Weise sprach, als sie die Tiere sah: „Sieh mal, drei Hirsche! Die Drei will uns sagen: Dies ist der falsche Weg! Das Zeichen führt uns nur in die Irre und in die Außenwelt. Es ist ein Zeichen der Verwirrwichtel! Passt auf!“

In dem Moment setzten sich die Tiere in Bewegung und sprangen schwungvoll über den Weg. Und aus den Dreien wurden Fünf -

„Lass uns sehen, wohin die Hirsche springen. Sie weisen uns den Weg noch weiter. Die Fünf kennt den Weg.“ flüsterte die Königin und schaute genau hin, an welcher Stelle die Hirsche dann auch den linken Weg überquerten und im dichten Gehölz verschwanden.

„Das ist die Stelle, an der wir links ins Unterholz müssen. Die Hirsche zeigen uns den Ort! Den Ort, den es zu heilen gilt! Er ist ganz nah!“ rief die Königin leise, hocherfreut über die unerwartete Hilfe der Wesen des Waldes.

So wandten sie sich dem linken finsteren Weg zu und folgten ihm bis zu der Stelle, an der die Hirsche verschwunden waren.

Es war, als ob ein Zeichen noch nicht genug gewesen wäre, denn genau an der Stelle standen ein lebender und ein toter Baum am selben Platz. Beide Frauen verließen an ebender Stelle den Weg und nach ein paar Schritten im Unterholz tat sich ihnen eine Lichtung auf.

Es erforderte alle Kraft weiterzugehen, so sehr machten sich Finsternis und Traurigkeit zu den Herzen der beiden auf und zerrten mit großer Macht an ihnen. Die Königin und die Weise hatten aber soviel Liebe in ihren Herzen und es war die rechte Zeit, sodass es der Dunkelheit und dem Schmerz unmöglich war, die Herzen gänzlich zu erreichen.

Beide fühlten zutiefst, dass sie den gesuchten Ort erreicht hatten. Diese kleine Lichtung war so schwer verletzt und bedurfte dringend einer Heilung.

„Sieh mal – dort!" rief die Weise und deutete auf den kahlen Stamm einer großen Fichte, die alles Umstehende weit überragte und die Mitte der Lichtung wie eine große Mutter beschützte.

Auf ihrem Stamm deutete ein großer rosa Pfeil in den Himmel hinein. „Hier ist mein Platz!" stellte die Weise schlicht fest. „Nun musst du noch deinen finden, Königin, vielleicht da im Gras oder dort zwischen dem angehäuften Geäst?"

Dunkle Wolken schoben sich vor die Sonne als die Königin den Platz umschritt. Trotz alledem war sie immer achtsam, welche Hinweise der Ort zu geben bereit war. An einer Stelle hatten sich Wildschweine gesuhlt und in der Vertiefung hatte sich Wasser aus dem moorigen Erdreich gesammelt, nahm die Königin erfreut wahr.

Sie ging weiter zu dem Grasstreifen und fühlte im Herzen, das dies ihr Platz war. Um ihn aber einzunehmen fehlte noch etwas. So ging sie weiter zu dem Ort mit dem Geäst und sah einen Baumstumpf aus den trockenen Zweigen ragen. Sofort wusste sie, was noch zu tun war.

Ihren Ranzen hatte sie bereits vorher am Rande abgelegt, wandte sich nun aber zu ihm um und entnahm ihm ein Opfergefäß, ein Licht und kostbare Harze und Kräuter, die noch fehlten. Die Königin ging zum Baumstumpf, stellte das Gefäß dort ab, entzündete das Licht und breitete die Gaben darauf aus. Nun konnte sie ihren Platz einnehmen.

Die Heilung begann. Nicht das leiseste Geräusch war noch zu Vernehmen. Alles ringsherum verstummte ehrfurchtsvoll als hielte das Leben inne.

Die Lichtung, die Königin und die Weise vereinigten sich in ihren Herzen und mit ihnen alle Wesen und Kräfte ihrer und der aller anderen Welten. Alle versammelten sich, um diesen Ort zu heilen. Jeder schenkte ihm seine ganze Liebe. Der Duft der brennenden Harze und Kräuter wehte durch den Wald und verzauberte alles. So verstrich die Zeit oder stand sie still? Wer weiß...

Schließlich öffnete die Weise ihre Augen und sprach: „Es ist vollbracht.“ Davon erwachte auch die Königin wieder. Wie zum Lohn und zur Freude aller, hatte die Sonne auch die Wolken fortgeschickt und wärmte mit ihren Strahlen die Erschöpften. Nun konnten die Weise und die Königin erleichtert den Ort verlassen.

Zurück blieben unendlich viel Liebe und tiefer Frieden.

Wenige Schritte wieder auf dem Heimweg, rief die Königin voller Erstaunen aus: „Schau, Weise! Hier mitten auf dem Weg liegt mein Zepter! Ich hatte es schon so lange entbehrt. Und nun liegt es hier! Mitten im Wald auf dem Weg!"

Die Weise beugte sich sogleich hinab und hob das Zepter vom Boden auf. Es war voller Schmutz. So nahm die Weise einen Tannenzweig, der geradewegs zur Hand war. Sie strich das Erdreich vom Zepter ab und überreichte es der Königin huldvoll. Nun konnten sie endlich wirklich zurückkehren.

Kurz darauf luden drei große Buchen die beiden zur Rast ein. Dankbar ließen sie sich nieder.

Etwas Wasser aus dem Vorrat und eine süße Kleinigkeit, welche die Weise mitgenommen hatte, erfrischte dann auch den Leib. Die Seele war ohnehin in Frieden und Freude.

Bald darauf konnten sie gestärkt und mit noch mehr Liebe im Herzen den Heimweg antreten. Die Welt war eine andere geworden. Die Kälte zwischen den Toren war fort und singend dankten die Vögel. Freude überall.

Als die Königin und die Weise das Gespann wieder erreichten, stand die Sonne bereits sehr niedrig und der Abend brach an.

Auf dem Heimweg, als sie wieder offenes Feld erreicht hatten, war alles in ein sanftes rosa Licht getaucht.

So hielten sie nochmals inne, wandten ihren Blick zurück, schauten wie dieser besondere Tag sich dem Ende zuneigte und die Sonne hinter dem Wald versank.

Im Herzen dachte die Königin in Dankbarkeit an den Priester. Er hatte wieder einmal den richtigen Weg gefunden.

Die Königin fühlte deutlich, dass das Weiß nun gänzlich zurückkehren konnte.

Glücklich kehrten die beiden Frauen nach Hause zurück...
...und wenn sie nicht gestorben sind, dann leben sie noch heute.

Weitere Hügelgräber

Hier in der Lüneburger Heide gibt es noch viele weitere Hügelgräber, die aber keinen oder nur wenig Sound haben. Im 19. und frühen 20. Jahrhundert wurden viele Hügelgräber auch durch die Ausdehnung der landwirtschaftlichen Flächen abgetragen und eingeebnet. Es entstand ein schwunghafter Handel mit Steinen.

Die großen Findlinge waren super geeignet um Kai- und Hafenanlagen zu befestigen. Auch im Hamburger Hafen wurden Heide-Findlinge verbaut. Die Steine wurden nach Hamburg geschafft und sogar auf Kähne verladen und bis nach Holland verschifft.

Irgendwann fiel dieser Handel dann auch Menschen auf, die an Vor- und Frühgeschichte dieser nordniedersächsischen Landschaft interessiert waren. Schließlich wurde der Handel verboten und die restlichen Megalithanlagen und Hügelgräber unter staatlichen Schutz gestellt. Seit den letzten 170 Jahren wurden solche Plätze systematisch untersucht. Die letzten großen Untersuchungen an Megalithanlagen, Hügelgräbern und Urnenfeldern wurden in den 1960/70ern federführend von dem Harburger Helms-Museum durchgeführt und dokumentiert. Die meisten Vorkommen sind kartiert worden. Abschließend alle aufzuzeichnen ist wohl nahezu unmöglich. Manche Standorte von Hügelgräbern oder Steinsetzungen konnten nur an Hand von Karten aus dem 17. oder 18. Jahrhundert gefunden werden, weil sie 1960 schon im Wortsinn dem Erdboden gleich gemacht waren.

Die Archive der regionalen und überregionalen Museen und Ausstellungen sind bereits mit Artefakten aus Hügelgräbern gefüllt. Flintsteinklingen aus der Alt- oder Jungsteinzeit, Bronzefibeln und Pferdegeschirre, große Mengen von Scherben und Gefäßen aus der Trichterbecherkultur und Reste von Baumsärgen aus späterer Zeit brachten die Ausgrabungen zu Tage.

Von den Archäologen werden aus weiteren Ausgrabungen keine neuen Erkenntnisse erwartet. So bleiben viele Hügelgräber auch in nächster Zeit noch für zukünftige Generationen unberührt. Ausgrabungen zerstören ja das Ausgegrabene mit Ausnahme der Gegenstände, die dabei geborgen werden konnten.

Auch um den Wilseder Berg bei Behringen, Borstel in der Kuhle und Volkwardingen gibt es noch eine Gruppe von über 30 Hügelgräbern. Bei Borstel kann man ein Stück Heide finden, in dem man deutlich sehen kann, dass die Heide kein Flachland ist. Gerade die Nordheide hat seit den letzten Eiszeiten viele Höhen und Tiefen bekommen. Die Südheide ist wesentlich flacher, aber längst nicht so flach wie Ostfriesland. Überall in der Heide gibt es noch Hügelgräber. Manchmal einzelne und dann wieder größere Gruppen, aber ohne Sound.

Bei der Borger Burg erzählte ich bereits von der goldenen Krippe. Inzwischen kenne ich noch drei weitere Orte mit Goldschatzbezug. Der Falkenberg in Hamburg-Neugraben. Mit knapp 65 m ist er die höchste Erhebung am südlichen Geest-Rand des Elbe-Urstromtals in Neugraben. Um das Jahr 1900 sollte dort ein Ausflugslokal gebaut werden und bei der Gelegenheit hat man die Spitze archäologisch untersucht. Es ergab sich, dass dort eine mittelalterliche Burganlage existiert hatte.

Der Sage nach sollen dort Klaus Störtebeker und Gödecke Michels gewohnt haben. Zu der Zeit sollte die Falkenbek noch bis zum Falkenberg schiffbar gewesen sein, heute führt sie kein Wasser mehr. Klaus Störtebeker soll auf dem Falkenberg seinen Schatz vergraben haben. So ein herausragender Berg wäre auch ein guter Ort für einen Kultplatz gewesen. Wobei beim Burgbau möglicherweise alle Spuren davon schon vor vielen hundert Jahren vernichtet worden sein könnten. In der mündlichen Überlieferung wurde dann der Schatz den Vitalienbrüdern zugeschrieben. Dazu gibt es die Sage vom Kiepenkerl, der am Falkenberg nachts dem Teufel an einem Haufen glühender Kohlen begegnete.

Als er sich einige Kohlen zum Entzünden seiner Pfeife nahm, schlug der Teufel ihn k.o. Am nächsten Morgen fielen Goldstücke aus seiner Pfeife.

Übrigens heißt der nächste Berg Richtung Harburg „Opferberg". Aufgrund der langen Besiedelung lassen sich wohl keine Zeugnisse von einem oder mehreren Kultplätzen mehr finden.

Nur ein paar Kilometer östlich, in Hamburg-Harburg wurde ein Hügelgrab untersucht. In dem Zuge wurde auch die Sage von der Goldenen Wiege damit in Zusammenhang gebracht.

Dort geht es um einen Räuberschatz aus Gold, Edelsteinen und einer goldenen Wiege, die in der Unterwelt von Geistern bewacht werden. Am Silvestertag soll es möglich sein, diesen Schatz zu heben, aber nur von drei Schneidern, die Brüder sind und sich nie gezankt haben. Und wenn einer von ihnen während der Suche spricht, ist der Schatz wieder für weitere hundert Jahre weg.

In der Nähe der Oldendorfer Totenstatt gibt es die Sage von einem Kessel voller Goldstücke, der in der Nähe der Mündung der Lopau in die Luhe vergraben sein soll. Ein Versuch der Bergung wird erzählt, aber sie scheiterte. Und nun ist der Schatz wieder auf ewig in der Unterwelt verschwunden.

Für mich ist das ein bisschen viel Zufall, ein exponierter Ort und eine Sage von einem Schatz mit Bezug zu diesem Ort. Gleich viermal und ich habe nicht nach solchen Geschichten gesucht. Erst hier beim Schreiben fügten sich die einzelnen Geschichten zusammen. Ob es noch mehr solche Geschichten in Verbindung mit besonderen Orten anderswo gibt? Würde mich doch interessieren.

Die Hügelgräber in Kirchlinteln bei Verden sind wegen ihrer Lage durchaus einen Abstecher wert. Sie liegen links und rechts an einem alten Hohlweg, der an einigen Stellen noch gut zu erkennen ist.

Der Weg ist Überbleibsel einer sehr alten überlieferten Handelsverbindung von Lüneburg über Verden nach Bremen. Der Weg führte an dieser Stelle zu einer Furt durch ein Flüsschen. Heute ist nur noch ein Graben vom Flüsschen übriggeblieben.

Im Stellichter Sunder, er gehört wie gesagt auch zum Rittergut Stellichte, gibt es den Riesenstein. Und er ist wirklich riesig. Es ist überliefert, dass alle Versuche ihn zu bewegen bisher gescheitert sind. So liegt er seit wahrscheinlich der letzten Eiszeit dort. Ich stand schon davor und konnte nur über ihn hinwegsehen, weil er zur Hälfte in einer Kuhle liegt. Ich bin 170cm groß.

Zwischen den Walsroder Ortsteilen Vethem, Hollige und Altenboitzen sollen in früherer Zeit auch Megalithanlagen gewesen sein. Dies geht aus alten Landkarten hervor. Sie wurden spätestens im 19. Jahrhundert zerstört. Am Ortsrand von Hollige sind noch ein paar Hügelgräber auf Privatgrundstücken erhalten. Der Sensible wird den Sound dort hören können. Auch wenn die Steinsetzungen zerstört wurden, so ist dort immernoch eine besonderer Schwingung in der Landschaft. Zwischen Walsrode und Düshorn liegt eine Gruppe Hügelgräber ohne Sound tief im Wald. Teilweise sind sie ausgegraben worden. Es wurde vor Zeiten ein Rundweg angelegt, der aber nur noch am Beginn gekennzeichnet ist und sich dann im Wald verliert. Weiter im nächsten Dorf Krelingen gibt es noch ein Steingrab am Ortsrand. Dort sorgen, meiner Meinung nach, die Steine für den leisen Sound.

Im Walsroder Ortsteil Meinerdingen steht eine Kirche, die in ihren Ursprüngen auch schon 1000 Jahre oder mehr den Menschen zum Beten, Singen und Musizieren dient. Auch sie hat Sound. Sie ist klein und weiß gestrichen. Der dicht daneben stehende dunkle Holzturm ist nicht viel höher als das Kirchendach. Ich habe ihr kein eigenes Kapitel gewidmet, weil jeder gute Heide-Reiseführer sie nennt. Auch sie ist ein beliebtes Heidemotiv. Von der B209 in Honerdingen geht es bei der Ampel rechts ab. Nach ein paar hundert Meter liegt die Kirche auf der rechten Seite.

In der Fischbeker Heide ist durch das Helms-Museum vor vielen Jahren ein archäologischer Wanderpfad eingerichtet worden. Dort wurden auch einige Hügelgräber gefunden und untersucht. Die Ergebnisse der Untersuchungen kann man beim Rundgang erfahren. Naturnäher als ein Besuch im Museum.

Die meisten noch in der Heide erhaltenen Hügelgräber haben keinen Sound und sind aus meiner Sicht nur Begräbnisplätze. Viele Hügelgräber lagen auch auf dem großen Truppenübungsplatz. Dort sind durch die Panzer- und Manöverübungen sowie durch Stellungen und Schützengräben buddeln viele inzwischen zerstört worden. Irgendwie ist das auch in Ordnung. Wir heute hinterlassen viel mehr hartnäckige Spuren auf der Erde als die Vorzeitmenschen. Irgendwann ist gar kein Platz mehr für Spuren unserer Nachkommen.

Unheilige Orte – Der Gegensatz

Aus meiner Sicht gibt es zu den vorgenannten heiligen Orten ebenso das Gegenteil – unheil(ig)e Orte. Wir leben in der Dualität, das bedingt, dass es zu Allem auch einen Gegensatz gibt. Gleichgültig, ob wir es bemerken oder nicht.

Forst Badenhop

Es war im Januar 2017 als der BUND ehrenamtliche Helfer für ein Wildkatzen-Monitoring im südlichen Niedersachsen suchte. Da ich gern durch den Wald spaziere, meldete ich mich dazu an. Es bedeutete einmal in der Woche die irgendwo im Wald aufgestellten Lockstöcke auf daran haftende Haare zu kontrollieren. Die Haare sollten nachweisen wie weit sich die Wildkatzen aus dem Harz schon nach Norden ausgebreitet haben. Also ein Spaziergang mit Ziel. Wunderbar.

Der Monitoringzeitraum ging bis Ende März. Da im nächsten Winter ein zweiter Durchgang geplant war, machte ich mich im November 2017 auf den Weg nachzusehen, ob die Lockstöcke vom letzten Mal noch am Platz waren. Dieser Kontrollgang war der Beginn einer im Wortsinn merkwürdigen Geschichte.

Das Waldstück in dem zwei Lockstöcke standen ist der Staatsforst Badenhop. Er liegt zwischen Bad Fallingbostel und Walsrode unmittelbar südlich der B209. Der Waldweg in dem ich gewöhnlich bei meinen Besuchen parkte war noch mit einem Schlagbaum versperrt. Naja, nicht so schlimm. Ein paar Meter weiter ist ein offizieller Parkplatz.

Gern ließ ich mein Auto dort nicht stehen. Der Parkplatz war voller Müll und irgendwie unangenehm. Seit ich Anfang der 1990er Jahre in diese Gegend gezogen war, kannte ich ihn nur stets voller Sperrmüll, Autoteilen und sonstigem Müll. Der Müll wurde zwar immer wieder abgefahren.

Aber nach ein paar Tagen lag dort anderer Müll herum. Irgendwie wurde es zum gewohnten Anblick, obwohl die Stadt sich alle Mühe gab den Parkplatz sauber zu halten.

Ein breiter unbefestigter Forstweg führte nach Süden in den Wald. Gegangen war ich ihn nie. Meine Lockstöcke standen am Parallelweg. Kurzerhand ging ich mitten durch den Wald in Richtung auf den vertrauten anderen Waldweg. Ich streune gerne abseits der ausgetretenen Wege durch den Wald. Der letzte Herbststurm hatte allerlei Bäume umgeweht, die zu umgehen oder zu überklettern waren. Bewegungstherapie der natürlichen Art. Brombeerranken griffen nach meiner Jacke, als wollten sie mich einfangen und festhalten. Ich kämpfte mich dadurch, schließlich erreichte ich den Parallelweg. Was für ein Spaß.

Meine Lockstöcke standen noch am Platz. Prima. Also zurück zum Auto und nach Hause. Ich entschied mich nicht wieder quer durch den Wald zu gehen, sondern einen Verbindungsweg zu dem vom Parkplatz wegführenden großen Waldweg zu nehmen. Die bewirtschafteten Wälder sind ja durch Wege nach meiner Erfahrung in Rechtecke aufgeteilt. Dachte ich jedenfalls. Zuerst war der Weg auch komfortabel, dann wurde er schmaler und endete abrupt an einer Lichtung. So was. Nichts mit bequem zum Auto.

Ein paar große Bäume standen zwischen langen Reihen von Jungbäumen. Die Aufforstung konnte noch nicht lange her gewesen sein. Vielleicht zwei Jahre. Kein Zaun schützte die Bäumchen vor Verbiss durch das Wild, fiel mir auf. Da die Lichtung ungefähr einen Hektar groß war beschloss ich am Rand entlang zu gehen. Der große Weg konnte nicht mehr weit sein, nur zu sehen war nichts. Nach ein paar Schritten fiel mir auf, dass der rechte Schnürsenkel aufgegangen war. So beugte ich mich hinunter und band eine neue Schleife. Kaum hatte ich einen Schritt gemacht, war der Schuh wieder offen. Wirklich nur einen Schritt. Im Hinunterbeugen dachte ich: „Merkwürdig. Du hattest die Schleife doch richtig fest zugezogen."

Als ich mich wieder aufrichtete, wurde es noch seltsamer. Es war als wenn die Luft flirrte und zitterte. „Was ist das denn?“, dachte ich und schaute mich um. So ein Flirren kannte ich nur im Sommer bei größter Hitze über einer Asphaltstraße. Es war aber November und nur ein paar Grad über Null. Die Lichtung hatte sich sonst nicht verändert. Sie lag wie vorher im Sonnenschein. Ich blieb stehen und fragte mich: „Was ist hier denn los? Ist hier ein heiliger Ort?“ Als ich ein paar Schritte umher ging, weil ich das Zentrum dieser Energie herausfinden wollte, erschienen Bilder vor meinem inneren Auge:

Eine Frau läuft durch den Wald. Genau hier entlang. Ein Mann rennt hinterher. Sie hat Todesangst. Er holt sie ein und wirft sie auf den Boden. Sie ist verletzt, aber es gelingt ihr sich zu befreien. Erneut versucht sie zu flüchten. Nach ein paar Metern hat der Mann sie wieder eingeholt und tötet sie.

Fassungslos und wie erstarrt stand ich da, im Sonnenschein. Eiskalt war mir. So etwas hatte ich noch nie erlebt. Selbst jetzt beim Schreiben laufen diese Bilder wie ein Film in mir ab.

Als ich nach einer Weile wieder fähig war mich zu bewegen, verließ ich so schnell ich konnte diesen Ort. Der große Waldweg verlief tatsächlich direkt am anderen Rand der Aufforstung, durch einen bewachsenen Wall von der Lichtung aus nicht zu sehen. Es waren wohl kaum noch hundert Meter bis zu meinem Auto auf dem Parkplatz.

In den nächsten Tagen ging mir dieses Erleben nicht aus dem Kopf. Was kannst du tun um zu verifizieren, dass es, aus welchen Gründen auch immer, ein außergewöhnlicher Ort ist? Ist er heilig oder unheilig? Stark war er ohne Zweifel.

Einige Tage später verabredete ich mich mit einer Freundin zu einem Spaziergang. Ich wusste, dass sie sensibel ist und wenn dort tatsächlich etwas „in der Luft hängt“ würde sie es bemerken.

Da war ich sicher. Ich erzählte ihr nichts von meinem Erlebnis, sondern nur, wir würden querfeldein gehen und festes Schuhwerk wäre nötig.

Wir starteten von dem immer noch vermüllten Parkplatz aus und wanderten los. Diesmal wählte ich den direkten Weg zu der Lichtung. Der Weg war in meiner Wahrnehmung unangenehm wie der Parkplatz selbst. Wir plauderten über Dies und Das bis ich vorgehend rechts auf die Lichtung abbog. Ich führte sie genau den Weg entlang, den ich auch gegangen war.

Als wir an die Stelle kamen, an der mein Schuh aufgegangen war, blieb sie unvermittelt stehen. Sie sagte etwas wie: „Hier ist es sonderbar. Unangenehm." An den Wortlaut erinnere ich mich nicht mehr so genau. Ich war zu fasziniert und berührt von der Tatsache, dass sie es am genau gleichen Ort fühlen konnte. Erst dann erzählte ich ihr von meinem Erlebnis. Für mich war es damit sicher, dass dort etwas ist und nicht nur in meiner Illusion. Es blieb weiterhin unklar, was es ist. Aber ein heiliger Ort war wohl auszuschließen. Dennoch ließ mir dieses Thema keine Ruhe. Ich wandte mich schließlich an Freundin Marion. Mit ihr hatte ich das besondere Erleben auf dem Dalsch, von dem ich weiter vorne schon berichtet habe. Vielleicht hatte sie ja ein paar Ideen zu der Lichtung.

Sie brauchte sich nur gedanklich auf diese Lichtung zu begeben und sah Bilder, die mit den Meinen vergleichbar waren. Sie hatte schon mehrfach Orte behandelt. Einmal waren wir auch vor ein paar Jahren gemeinsam unterwegs einen Ort wieder in Fluss zu bringen. Die Geschichte konnte ich nur als Märchen „Es war einmal..." niederschreiben und ist hier ja enthalten.

Kurzentschlossen machten wir uns auf den Weg. Im Gepäck hatten wir ein paar Dinge, die uns unterstützen sollten, diese Anhaftung von Energie oder Emotionen zu lösen. Diesen Ort zu heilen. Wie auch immer.

Auf dem Weg zur Lichtung beschrieb Marion mir, wie bei ihr eine Kälte langsam bis zu den Knien hoch kroch und das lag nicht an den Außentemperaturen. Ein fast sichtbares Irgendwas war in der Luft, so etwas wie ein unangenehmes Vibrieren.

Angekommen suchte sich jede von uns einen Platz und begann mit dem Ihrigen. Wenn es sich für mich richtig anfühlt, stelle ich ein Räuchergefäß auf und zünde eine individuelle für den Ort zusammengestellte Räuchermischung an.

Das Weitere ist von mir nicht mehr in Worte zu fassen. Ich bin einfach da und lasse geschehen. Es entzieht sich dem Verstand bzw. der hat dabei nichts zu suchen. Marion macht das Ihre.

Nach einer Weile tauchten wir aus der Zeitlosigkeit wieder im Hier und Jetzt auf. Die Lichtung war jetzt deutlich angenehmer. Wir erkundeten gemeinsam noch den Rest der Lichtung. In einer Ecke war es noch ungemütlich. Dort hing noch was fest. Es war wie die Spitze eines Dreiecks im Verhältnis zu den Stellen, an denen wir uns während der Behandlung aufgestellt hatten. Wir konnten allerdings nichts mehr daran tun. So fuhren wir wieder nach Hause.

Einige Tage später besuchte mich Freund Harald. Ein Mann mit außergewöhnlichen Fähigkeiten und Lehrer für Tai-Chi und Qigong. Im Laufe unseres Gespräches erzählte ich ihm von den Begebenheiten der vergangenen Tage und meinem Ausflug mit Marion. Er begab sich in einer Fokussierung oder Meditation an die noch unangenehme Stelle im Wald. Dann sagte er zu mir: „Jetzt ist es weg“.

Er erinnerte sich, dass auf dem Parkplatz in den frühen 1990er Jahren eine Prostituierte ihren Platz hatte und ihrem Gewerbe nachging. Die Leiche der Frau wurde dann eines Tages ca. 50 m tief im Wald aufgefunden. So stand es jedenfalls in der Zeitung. Sie war brutal ermordet worden.

Einige Zeit später besuchte ich noch einmal den Parkplatz und die Lichtung. Sie war komplett frei und friedlich. Selbst der Parkplatz hatte seine Ausstrahlung verändert. Auffällig ist für mich auch, dass er seitdem nicht mehr als öffentliche Müllkippe benutzt wird. Beim Vorbeifahren frage ich mich seit drei Jahren jedes mal: Na, liegt da wieder Müll? - Nein, sauber. - Anhaltende Wirkung nennt man das wohl für gewöhnlich.

Trelder Berg

Kurz hinter der Kreuzung der B3 und B75 „Trelder Berg" liegt auf der rechten Seite ein Parkplatz und dahinter ein Hundetrainingsplatz. Auch so eine vermüllte Gegend. Unrat überall. Als ich unlängst dort vorbeikam, dachte ich so bei mir: „Halt mal an." So fuhr ich rechts heran und stieg aus. Sofort bekam ich ein beklemmendes Gefühl, wieder nach der stärksten Stelle suchend, ging ich ein paar Schritte rechts an den Büschen vorbei.

Unvermittelt drehte sich mein Magen um und ich hatte das Gefühl ich muss mich gleich übergeben. Ich stand eine Weile still. Es kamen keine Bilder. Zum Glück, das hätte ich wohl nicht mehr ertragen. Daraufhin verließ ich den Ort. Später zuhause erzählte ich Freund Harald davon. Er begab sich mental dahin und sah, wie dort gegen Ende des zweiten Weltkriegs Männer zusammengetrieben und erschossen wurden.

Als ich vor Kurzem wieder dort vorbeikam, hielt ich nochmal an und stieg aus dem Auto aus. Es war dort erheblich angenehmer geworden. Aber wirklich neutral war es noch nicht. Rechts an den Büschen vorbei war es gut. Aber in der Mitte zwischen Eingang zum Hundeplatz und dem Ende des Gebüsches waren noch drei Stellen. Also liebhaben, entladen oder was auch immer.

Es lag auch kaum Unrat mehr herum. Wiedermal. Jüngst bin ich dort nach Längerem wieder vorbei gekommen. Er ist wieder sauber. Hoffentlich dauerhaft.

Am Kreisverkehr

Und noch eine Geschichte. Am Ortseingang von Walsrode ist ein Kreisverkehr. Freundin Marions Lebensgefährte Peter erzählte, dass ihm jedes mal, wenn er aus Richtung Hannover mit dem Auto in den Kreisverkehr einfahren will, beim Durchfahren der letzten 20-30 m vor der Einfahrt in den Kreisel die Sinne schwinden, wie diffuser Nebel, der zu durchfahren ist. Kurz vor der Einfahrt ist wieder alles normal. Peter ist ein vernünftiger und erdverbundener Mensch ohne Sinn für Hokuspokus.

Parallel zu der Straße verläuft etwas erhöht am Hang die Bahnstrecke nach Hannover. Auf der anderen Seite der Straße etwas tieferliegend fließt in sanften Biegungen die Böhme durch grüne Wiesen. Nur in einiger Entfernung steht ein einzelnes Haus. Direkt am Kreisel wurde vor ein paar Jahren ein Parkplatz für Pendler eingerichtet. Ansonsten gibt es dort keine Bebauung.

Eines Nachmittags fuhr ich mit meinem Fahrrad zum Parkplatz am Kreisel. Überall verstreut lag Abfall, leere Flaschen und Müll, selbst auf dem Hang ins Böhmetal. Ich ging einige Meter auf dem Radweg weiter. Irgendwann blieb ich stehen und wurde still. Es tauchte das Bild einer Frau auf. Am Arm trug sie einen Korb mit Lebensmitteln, Früchte und anderem, das sie gesammelt hatte. Aus dem Nichts tauchten zwei Männer auf und überwältigten sie. Die Männer entrissen ihr den Korb und ließen sie verletzt liegen. Die Frau starb einige Zeit später an ihren Verletzungen an dieser Stelle. Da die Frau in meinem Bild seltsam altertümlich gekleidet war, fragte ich wann es gewesen ist, wann es passiert ist. Vor 1500 Jahren...

Bei einem zweiten Besuch, diesmal wieder mit Marion, bestätigte sie meine Angaben. Marion zog es auf die andere Straßenseite, auf den Abhang zwischen Straße und Bahndamm. Sie sah kämpfende Soldaten aus der Zeit des frühen 17. Jahrhunderts.

Tatsächlich ist es überliefert, das im Dreißigjährigen Krieg Tillys Soldaten von dieser Seite der Böhme aus versuchten Walsrode und insbesondere das Walsroder Kloster einzunehmen. Sicher nicht ohne Blutvergießen. Zwischen dem Kreisel und der Innenstadt liegt eine Straße mit der Bezeichnung „Beim Vorwerk". Sie erinnert an die alten Stadtbefestigungsanlagen aus der Zeit.

Zurück zu dem Kreisel. Marion machte was sie immer macht. Und ich auch, nur zum Räuchern sah ich keine Notwendigkeit. Als wir zum Parkplatz zurückkamen, begegnete uns eine Frau mit Fahrrad. Marion kannte sie. Wir drei sprachen über den Müll dort. Als die Frau weitergefahren war sagte Marion in ihrer blumigen Art: „Drei besondere Seelen sind heute hier zusammengekommen. Jetzt ist es fertig."

Am nächsten oder übernächsten Tag stand in der Zeitung ein Artikel über die Vermüllung des Parkplatzes und es wurde die baldige Aufstellung von Mülltonnen in Aussicht gestellt. Bemerkenswerte Duplizität?

Seitdem Tage unseres Besuchs kann Peter den Kreisel ohne irgendwelche Wahrnehmungen anfahren.

Einige Tage später kletterte ich auch auf den Hang zwischen Bahntrasse und Straße. Stellte mich auf den höchsten Punkt und ließ den Blick über das Böhmetal wandern. Der Ort war voller Harmonie. Er klang wieder. Natürlich haben der Bau der Bahn und der Straße nicht nur den Ausblick stark verändert, auch wurde viel Erde bewegt. Vorher könnte er, meiner Meinung nach, durchaus die Qualität eines heiligen Ortes gehabt haben.

Übrigens bin ich nach dem ich dies geschrieben hatte, noch einmal zu dem Parkplatz gefahren um nachzusehen. Es stehen jetzt Mülltonnen dort und sie werden auch benutzt. Er ist sauber.

Bergen-Belsen

Und noch ein Ort. Eines Sonntags entschloss ich mich zu einer, wie wir hier sagen, Platzrundfahrt. Es bedeutet, einmal um das große Truppenübungsgebiet zwischen Fallingbostel, Bergen und Munster zu fahren. Das Gebiet ist militärische Sperrzone und kann nur auf der Panzerringstraße zu etwa Zweidrittel umfahren werden. Es ist auch die Straße, die zu den Siebensteinhäusern führt.

An diesem Tag waren sie wegen eines Manövers nicht zugänglich. So was kommt gelegentlich vor. Also fuhr ich weiter Richtung Bergen, vorbei an der Schießbahn mit dem grandiosen Ausblick. Schließlich erreichte ich die KZ Gedenkstätte Bergen-Belsen. Ich hielt an um sie zu besuchen. Als Teenager war ich bereits einmal dort gewesen, ebenso ein zweites Mal mit etwa Mitte 30. Damals schaute ich mir die Ausstellung an und erinnere mich noch an die Trauer und Beklemmung, die ich bei den Besuchen gefühlt hatte.

Diesmal war es anders. Schon beim Aussteigen aus dem Auto auf dem Parkplatz erreichte mich ein diffuses graues Gruseln. Trotzdem ging ich weiter Richtung Eingang der Gedenkstätte. Etwa 10 m vor dem Eingang musste ich stehen bleiben. Ich konnte einfach nicht weitergehen. Unmöglich. Das Grauen lähmte mich fast.

So blieb ich dort eine Weile stehen und schaute zu wie die anderen Besucher hinein und hinaus gingen. Ich wunderte mich über mein Verhalten, weil ich dort doch schon zweimal gewesen war.

Heute ging es nicht. Keinen Schritt weiter. Also kehrte ich zurück zu meinem Auto, immer noch berührt von dem eben Erlebten. Das ehemalige KZ-Gelände hier ist eine Nummer zu groß und dunkel, um mich heute dahinein zu begeben.

Meine Interpretation

Die Geschichten sind erzählt. Nun kommt der für mich weitaus schwierigere und wichtigere Teil meiner Interpretation.

Jeder hat es schon mal erlebt: Man kommt an einen Ort und fühlt sich unwohl, unruhig, wird müde und unkonzentriert. Man möchte so schnell wie möglich wieder weg, auch wenn es keine dunkle Bahnunterführung mitten in der Nacht in irgendeiner Großstadt ist. Oder umgekehrt: man kommt irgendwo hin und möchte nichts anderes als dort bleiben; man klebt quasi fest an diesem Ort. So gut und harmonisch ist es.

Es ist ja auch zuhause so, das jeder einen Lieblingsplatz hat. Ganz automatisch setzt man sich dort hin und ist sofort ruhiger und kann entspannen. Auf anderen Plätzen in der Wohnung bleibt man nur kurze Zeit, weil es nicht wirklich angenehm ist dort zu sitzen. Jeder Ort hat eine Qualität. Und jeder von uns nimmt sie wahr. Nur nicht über den Verstand sondern mit dem ganzen Körper wie mit einer Antenne. Es ist nur keine Skala mit Zahlenwerten an diese Antenne angeschlossen. Die subtile Skala reicht von „Schnell weg hier" bis „Bleiben, bleiben, bleiben, saugut".

Bereits in der Kindheit lernen wir oder übernehmen es von unseren Altvorderen an einem Ort zu bleiben, der auf der inneren Skala den Wert von „Schnell weg hier!" anzeigt oder einen Ort schnell wieder zu verlassen bei dem „Bleiben, saugut" gefühlt wird. Wir lernen bereits als Kinder diese Wahrnehmungen zu ignorieren. Wir haben nicht die Freiheit diesen Wahrnehmungen zu folgen, sondern müssen tun was uns gesagt wird; wir müssen funktionieren. Schließlich gewöhnen wir uns daran. Es ist ein bisschen so wie mit dem Träumen. Viele Erwachsene sagen, sie träumen nicht. Sie tun es dennoch, aber können sich nach dem Aufwachen nur nicht mehr an die Träume erinnern. Dies ist ja inzwischen durch die Schlaflaborforschung hinlänglich bewiesen. Jeder Mensch träumt. Jeder Mensch fühlt. Leben geht nicht ohne.

Nicht nur wir Menschen fühlen die Qualität eines Ortes, auch Tiere können es. Katzen suchen sich zum Schlafen gerne einen negativen Platz. Ameisen, Wespen und Bienen suchen sich ebenfalls negative Stellen als Lebensraum aus, wenn wir Menschen sie lassen. Störzonensucher. Hunde und auch Menschen dagegen bevorzugen einen positiven Platz. Störzonenflüchter. Selbst an Pflanzen sind Störzonen sichtbar. Bäume wachsen schief um der Strahlung auszuweichen oder sie verdrehen sich in Richtung der Bewegungsrichtung der z.B. Kreuzung zweier Wasseradern, wenn sie auf dem Kreuzungspunkt wachsen.

Alte Siedlungsspuren der Menschen finden sich eher in der Nähe eines guten Platzes; die Borger Burg ist dafür ein gutes Beispiel. Sich dauerhaft auf einem guten, heiligen Ort niederzulassen ist letztlich auch unerträglich. Interessanterweise.

Hier auf den Dörfern findet man noch viele alte Häuser. Auch den Bewohnern merkt man an, dass ihr Platz unter Beachtung der Qualität des Baugrundes gewählt wurde. Spätestens seit der Neuzeit hat ein Bewusstseinswandel eingesetzt. Das zunehmende wissenschaftliche Weltbild ließ das Wissen um die Qualitäten als mittelalterlichen Aberglauben erscheinen. Es wurde dort gebaut wo Platz war oder die Stadtplaner es wollten. Ohne Rücksicht auf die Qualität des Ortes.

Störzonen werden auf natürliche Weise durch unterirdische Verwerfungen, d.h. Brüche und Kanten in den Erdschichten oder Wasseradern verursacht. Manchmal sind uranhaltige Gesteine dafür ursächlich. Aber vorwiegend verursachen Erdgitternetzkreuzungen (Curry-, Hartmanngitter oder Ley-Linien) Störzonen, möglicherweise durch Veränderungen des Erdmagnetfeldes. Störzonen lassen sich radiästhetisch mit Pendel, Rute und z.B. Lecherantenne auffinden und bestimmen. Auch heute noch werden (Wünschel-)Rutengänger beim Suchen nach dem richtigen Platz für einen Brunnen gern zu Hilfe geholt. Wie seit Jahrhunderten.

Mir ist ein Haus bekannt, erbaut um die vorvergangene Jahrhundertwende im ländlichen Raum, das auf einer Wasserader gebaut wurde. Bei Modernisierungsarbeiten wurden unter dem Fußboden eine Anzahl von Findlingen gefunden. Sie wurden weggeräumt. Ein neuer Fußboden eingebaut. Das Haus wurde unter Verwendung ökologischer Baumaterialien saniert. Nach dem Einzug der Bewohner traten bei ihnen eine Reihe diffuser Symptomatiken wie Müdigkeit, Lustlosigkeit, Erschöpfung, aber auch Herzprobleme und Stoffwechselstörungen auf. Es wurde ein Baubiologe zur Hausuntersuchung zu Rate gezogen, der den Verlauf und die Stärke der Wasserader feststellte. Als ich das Haus 2018 das erste Mal besuchte, bat mich der Hausherr einmal durchzugehen und ihm den Verlauf der Wasserader zu benennen, wenn ich es kann. Ich machte also einen Rundgang durch die Räume. Im Flur etwa einen Meter vor der Haustür war die mieseste Stelle. Der ganze etwa drei Meter lange Hausflur war unangenehm, es zog sich auch in einem schmaler werdenden Streifen durch die Küche. Links und rechts vom Flur ragte der unangenehme Streifen noch ca. einen bis anderthalb Meter in die Wohnräume. Die Flussrichtung war deutlich als Zug von der Haustür durch die Küche nach draußen für mich fühlbar.

Er bestätigte meine Beschreibung als zutreffend. Ich war darüber mehr als überrascht. Ich halte mich selbst für einen ganz normalen Menschen ohne besondere Fähigkeiten an dieser Stelle. Meines Erachtens nach lagen die Findlinge nicht zufällig unter dem Fundament. Sie wurden bewusst dort zur Neutralisation oder Umlenkung der Auswirkung der Wasserader platziert, natürlich nicht der Wasserader selbst.

Das Erfühlen von Orten ist erlernbar wie das Lesen lernen. Als man noch nicht Lesen konnte war ein geschriebener Text einfach eine Ansammlung von Krakeln auf Papier, ebenso gut hätten es Spuren eines Huhns, das erst durch Matsch und dann über das Papier gelaufen ist, sein können. Kann man Lesen braucht man nur noch hinsehen und weiß was dort geschrieben steht.

Zumindest in den erlernten Sprachen. Es ist eine Sache der Übung. Mir erscheint es bei dem Erfühlen der Qualitäten eines Ortes das Gleiche zu sein. Eine schöne Übung um die Wahrnehmung zu schulen ist es sich an heilige Orte zu begeben. Einfach, möglichst unvoreingenommen, in sich hineinzuhorchen was im Körper so passiert, welche Empfindungen in mir aufsteigen. Als nächstes sich einen miesen Ort zu suchen und das Gleiche zu tun. Miese Orte sind nach meiner Erfahrung, wie oben beschrieben, Plätze an denen wild Müll abgelagert wird oder verdrehte Bäume wachsen. Sicher ist die Reizschwelle zur Wahrnehmung individuell. Am Anfang hatte ich nicht einmal Worte um die unterschiedlichen Wahrnehmungen zu beschreiben und zu differenzieren, aber auch das ist Übungssache. Innerlich still werden und schauen welche Bilder vor dem inneren Auge auftauchen. Mir hat es geholfen gelegentlich mit Harald oder Marion einen Ort aufzusuchen und hineinzufühlen. Sich dabei auszutauschen. Man kann auch verschiedene Gegenstände in die Hand nehmen. Jedes beliebige Zimmer ist geeignet die vorhandene Atmosphäre zu erspüren. Einfach wahrnehmen üben.

Für mich gibt es zwei Ursachen für miese, unheilige Orte und ebenso zwei bei den guten, heiligen Orten.

Unheile Orte befinden sich, denke ich, erstens über unterirdischen Wasseradern, Verwerfungen, Wasseraderkreuzungspunkten und Gitternetzkreuzen etc. sogenannten geopathischen Störzonen. Dies ist vielfach untersucht und es gibt einige Bücher dazu. Zweitens erscheint es mir so, dass menschliche Handlungen, starke Emotionen, so etwas wie einen Abdruck an einem Ort hinterlassen können. Vorstellbar wie das Aufmodulieren von verschiedenen Informationen auf Radiowellen. Drehen wir unsere Antenne in die richtige Richtung und stellen am Radiogerät die richtige Frequenz ein, so hören wir Musik oder die Nachrichten. Wenn wir kein Radio haben, können wir es nicht wahrnehmen, obwohl die Radiowellen durch unseren Raum strahlen und die aufmodulierten Informationen durchaus vorhanden sind.

Wir nehmen sie nicht wahr, weil sich deren Frequenzen außerhalb des Frequenzbandes unserer Sinne befinden. Dennoch sind sie existent. Alles hat seine Frequenz, seinen Klang wie Uwe Albrecht sagt. Oder es quietscht eben. Fühlbare Harmonie oder Disharmonie. Fluss oder Stau.

Uwe Albrecht ist Arzt und, wie er selbst sagt, Vater des „Innerwise© – Heilung für alles Lebendige". Er nennt das, was wir wahrnehmen Ladung und definiert sie in seinem Buch „Intuitive Diagnostik" folgendermaßen:

„Du kannst es Hass, Angst, Aggression, Schuld, Neid, Trauer, Selbstzerstörung oder auch Negativfokus nennen, es ist alles dasselbe: das Gegenteil von Liebe. Viele Menschen tragen Ladungen von 50-80 Prozent in sich. Der Wohlfühlbereich beginnt aber oft erst unter 20 Prozent Ladung." (Seite 136)

An anderer Stelle erklärt er: „Liebe hat keine Ladung. Bei einer Ladung von 90% fliegen die Fäuste."

Ladungen und Disharmonie haben grundsätzlich die gleiche Ursache. Uwe Albrecht schreibt weiter zu Disharmonien:

„Und die Ursache der Disharmonien liegt, philosophisch betrachtet, in der Natur der Menschen, an Bekanntem und Vertrauten festhalten zu wollen. Also gegen das Prinzip Herklits: „Alles fließt" zu leben. So halten wir positive und negative Erfahrungen und Energien fest. Und das erschafft Disharmonie, denn es ist gegen die Natur, die dem Flussprinzip folgt." (Seite 136 und 137)

Heraklit hat gesagt: „Alles fließt" und beschrieb damit den steten Kreislauf von Werden und Vergehen des Lebendigen, der Welt. Hätte er damals von den Erkenntnissen der heutigen Quantenphysik bereits Kenntnis gehabt, würde er vielleicht sagen: „Alles schwingt".

Wenn ich ein Mensch mit einer Ladung von, nehmen wir mal an, 15 % bin und ich begebe mich an einen Ort, der eine Ladung von 75 % oder mehr hat, dann verlasse ich meine Wohlfühlzone. Ich spüre einfach den Unterschied. Habe ich aber selbst eine Ladung von 75 %, dann passiert gar nichts, weil die Ladung gleich hoch ist. Darin liegt meiner Meinung nach eher die Ursache, ob jemand etwas fühlt oder nicht; und wenn ja, dann wie stark die Wahrnehmung ist. Dies erscheint mir die beste plausible Betrachtung meines Erlebens. Mein Körper nimmt die Ladung wahr und wenn sie hoch und stark genug ist, entstehen Bilder vor meinem inneren Auge. Sonst ist es die Bandbreite von „Unwohlsein“ bis „mir wird kotzübel“. Oder eben Wohlfühlzone. Ganz einfach.

Die Radiästhesie verbindet mit dem Begriff „Ladung“ etwas anderes bzw. verwendet ihn in anderem Zusammenhang, mit anderen Wertungen. Beinahe gegenteilig. In der Radiästhesie wird von rechts- oder linksdrehend, auf- und abladend gesprochen. Gern werden Kreuzungen von Wasseradern untersucht, wobei linksdrehend als abladend und rechtsdrehend als aufladend eingestuft wird. Der abladende Platz ist zu meiden und krankmachend. Der Aufenthalt auf einem aufladenden Platz ist stärkend und die Lebensenergie erhöhend.

Wenn ich auf so einer linksdrehenden Stelle stehe, fühlt es sich für mich so an, als wenn etwas nach unten abgezogen wird, fließt nach unten durch die Füße in die Erde, eher schwächend, aber nicht immer. Anders der rechtsdrehende Platz. Dort fließt etwas nach oben in meiner Wahrnehmung. Es ist auch ein Strömen, aber nach oben. Eher angenehm und ausgleichend fühlt es sich für mich an.

Ein Radiästhet interpretiert, das was strömt mit so etwas wie Lebenskraft, Lebensenergie. Ich weiß, es ist eine sehr vereinfachte Darstellung, aber hier geht es nicht um das Erklären von Radiästhesie, nur um den Unterschied der Begriffe.

Wenn etwas aus mir herauszieht, was auch immer und in welche Richtung auch immer, dann wird doch etwas weniger in mir. Wie kann es dann auf- oder abladend sein? Es ist doch dann in beiden Fällen „abladend“, oder?

Was wird dann abgeladen? Und hier werden die Gedanken von Uwe Albrecht für mich äußerst charmant. Er wertet nicht in gut oder schlecht. Er spricht von Liebe oder deren Abwesenheit. Von in der Liebe sein (von keine oder wenig Ladung) und nicht in der Liebe sein (hohe Ladung). Bin ich in der Liebe, so ist es angenehm; ich bin in meiner Mitte. Mit hoher Ladung bin ich unruhig, genervt, aggressiv und stehe schnell neben mir. Es entstehen auch körperliche Symptome, Krankheiten, Unfälle.

Uwe Albrecht schreibt zum Thema Lebensenergie:

„Doch irgendwann wurde mir klar, dass von den 100 Prozent Lebensenergie nichts verlorengehen kann, sondern die Lebensenergie kann in zwei Zustandsformen existieren, deren Summe immer 100 Prozent ergibt: als nährende Energie und als zerstörende Energie. Wenn ich in meinem Leben Kompromisse zulasse; erlaube ich automatisch, dass sich ein Teil meiner nährenden Lebensenergie in zerstörerische Energie umwandelt.“ (Seite 55, Intuitive Heilung)

Auch hier ist ein Unterschied zur Radiästhesie in den Einschätzungen, denn dort gilt Lebensenergie kann verloren gehen, insbesondere auf abladenden Orten. Ich werden das Gefühl nicht los, dort spielen unbewusste christliche Vorstellungen von Himmel und Hölle mit, von Gut und Böse.

Ich empfinde die Störzonen eher so wie den Sprung ins kalte Wasser nach einem Saunagang. Auch im Eiswasser bleibt man nicht stundenlang. Nur gesunder Gegensatz. Die unangenehmen Orte gehören einfach zu unserer Welt, ganz ohne Bewertung. Zu einer Welt der Dualität.

Aufgrund dieser Gedanken wird es plötzlich ganz einfach zu verstehen, was einen Ort Heilig oder Unheilig macht. Es ist die Höhe der Ladung, die vorhandene Harmonie bzw. Disharmonie. Oder Liebe und die Abwesenheit von Liebe. Der Klang oder das Quietschen.

Für mich gibt es denn auch jeweils zwei Ursachen. Die erste ist die geologische Struktur, der Ort selbst. Das Zweite sind die menschlichen Handlungen und Emotionen, die sich jeweils verstärkend an den Ort anheften. Aus meiner Sicht als Frequenz, Klang, Schwingung. Ob nun durch heilige Rituale, Meditation, Gebet, die den Ort in der Liebe halten, also immer wieder entladen und uns auch.

Im gegenteiligen Fall als Folgen eines Mordes, starken menschlichen Emotionen, die Ladung erhöhen. Damit völlig ohne Liebe sind bzw. die Liebe sozusagen vertreiben. Es erhöht die Ladung des Platzes. Und wenn wir uns lange genug dort aufhalten oder an so einem Ort leben, auch unsere Ladung als Mensch. Aus meiner Sicht lässt es auch den Schluss zu, das dort wo bereits eine hohe Ladung hängt, sich auch weitere hohe Ladungen dazugesellen. In den vorgenannten Erlebnissen waren die Orte der Morde auch immer zur wilden Müllkippe geworden. Intuitiv nehmen wir Menschen die hohe Ladung wahr und haben keine Schwelle mehr dort unseren Unrat, auch im übertragenen Sinn, abzuladen. Nach der Entladung des Platzes entsteht dann wieder eine Schwelle und er bleibt sauber. Er hat seine naturgemäße Harmonie zurück erhalten und auch das nehmen viele Menschen intuitiv wahr. Der Verstand erfindet schnell eine andere Geschichte dazu und die glauben wir aufgrund unserer Erziehung allzu gern.

Wenn ich heute an so einer wilden Müllkippe vorbeifahre, habe ich oft den Impuls dort zu Halten und nachzusehen, was da los ist. Jedes mal wird mir an so einer Stelle übel, aber nicht wegen des herumliegenden Mülls, sondern wegen der hohen Ladung an diesen Orten.

Inzwischen weiß ich dann auch, was ich dort zu tun habe. Und ich tue es.

Vor einigen Tagen war ich mit meinem Wohnmobil in Berlin. Als es ums Nachhause fahren ging, hatte ich überhaupt keine Lust das Navigationsgerät zu programmieren. „Macht nichts, nimmst du mal die innere Navi und folgst deiner inneren Führung. Wo zuhause ist, weiß sie ja ganz genau. Und bis zur Autobahn ist es gar nicht weit. Also bitte auf dem direkten Weg nach Hause." dachte ich so bei mir. Ich setzte mich ans Steuer und fuhr los. Es klappte prima. Kurze Zeit später fiel mir ein, dass ich noch vor der Autobahn tanken muss und eine Feuerschale bei einem Baumarkt kaufen möchte. Es kam eine Tankstelle, aber meine innere Stimme sagte: „Nein, nicht hier!" – „Ok."

Also fuhr ich weiter und tatsächlich kam nach ungefähr zwei Kilometern eine Tankstelle und ein Baumarkt nebenan. So konnte ich beides mit einem Stopp erledigen. Bald darauf kam die Autobahn. Ich nahm die Auffahrt. Soweit, so gut. Nach einer ganzen Weile stellte ich fest, dass auf den Schildern immer nur Dresden ausgewiesen war und nicht Hannover. Hannover wäre meine Heimatrichtung gewesen. Also nächste Ausfahrt abfahren und umdrehen. Die innere Navi war wohl gerade abwesend gewesen am Schönefelder Kreuz. Wenn ich schon von der Autobahn fahren muss, kann ich auch eine kurze Pause machen bevor ich zurück fahre. Vielleicht gibt es ja auch eine gute Querverbindung. Rechts oder links? Rechts, jetzt noch einen Parkplatz finden. Nur enge Wegeinfahrten, nichts für mein langes Fahrzeug. Also weiter fahren. Hinter der nächsten Biegung tauchte eine geräumige Wegkreuzung auf. Rechts ging es auf einen Hof. Und links...ich sah sofort, warum ich her musste. Eine breite Waldwegeinfahrt, total voller Müll.

Alles klar, anhalten, aussteigen, behandeln, liebhaben, einsteigen und zurück zur Autobahn. Der Job war gemacht und die Rückfahrt verlief mit innerer Navi ohne weitere Vorkommnisse.

Wenn auf dem Weg noch eine zu erledigende Aufgabe wartet, dann führt der direkte Weg zuerst dort hin. Es ist nicht einmal notwendig etwas von der Aufgabe im Vorhinein zu wissen. Die innere Führung leitet uns oft anders als es unser Verstand erwartet.

Die Hingabe an, das Vertrauen in, die innere Führung macht das Leben auf unerwartete Weise bunt und ereignisreich. Erfüllend, lustig und ganz anders als das vom Verstand geführte Leben. Es wird auch Angstfreier, denn das Jetzt hat keine Angst. Allerdings finden die Veränderungen in Sprüngen statt. Manchmal eben von gleich auf jetzt. Die Umgebung schaut dann ungläubig zu und denkt sich: Nun ist sie verrückt geworden. Innere Entwicklung findet in Stufen statt wie schon Hermann Hesse in seinem Gedicht „Stufen" so wundervoll beschrieben hat.

Sterben müssen wir sowieso irgendwann, das ist das einzig sichere im Leben, alles andere ist offen. Mitnehmen können wir nichts. Nur Erfahrungen machen ohne Bewertung. Oder eben auch nicht.

Weitere Heilige und Unheilige Orte

Für mich gibt es noch weitere Heilige und unheilige Orte. Sie sind unsichtbar, weil sie in uns selbst liegen.

Die Heiligen Orte sind das Herz und die Sexualorgane. Das Herz als Verbindung zur bedingungslosen Liebe und dem daraus resultierenden Mitgefühl. Der stärkste Magnet in unserem Körper.

Die Sexualorgane als zentrale Verbindung zur Schöpferkraft in uns, denn sie sind in der Lage einen neuen Menschen mit ganz eigenen Anlagen und Fähigkeiten, Potenzialen, ins Leben zu bringen. Aber nicht nur das. Kunst und Musik, Ideen, Erfindungen und Lösungen entspringen der Schöpfungskraft.

Die Unheiligen Orte liegen für mich im Wesentlichen in unserem Denken, Verhalten und im Verstand. In Disharmonie, Manipulationen, Macht, Kontrolle und Gier. Körperliche und seelische Gewalt sind an der Tagesordnung. Langsam wird mir bewusst, dass im großen Bild betrachtet, wir Menschen Disharmonien und übergriffige Gewalt um uns her kaum noch wahrnehmen können, weil sie so alltäglich und ständig um uns herum und in uns enthalten sind. Sie sind einfach normal. Wir haben uns von Kleinauf daran gewöhnt. Alles unheilige Orte in uns. Dabei muss es nicht so sein.

Das Kind in uns erinnert sich noch an einen anderen Zustand. Insgeheim fühlen noch die meisten die Sehnsucht nach diesem verlorenen Glück, diesem anderen Zustand. Ein Wunsch nach Geliebtsein einfach so wie wir sind. Ohne Leistung oder Kampf, einfach so.

Dennoch machen wir uns die Disharmonien selbst durch unser Denken, Wollen und Handeln. Irgendjemand hat uns mal erzählt das müsse so sein. Das ist der Ernst des Lebens. War das die Wahrheit? Ist Leben wirklich so gemeint?

Das Gleiche gilt auch für Manipulationen. Die meisten bemerken wir nicht einmal, weil sie so allgegenwärtig sind. Sie werden auch oft als erfolgreiches Verhalten von allen Zuschauern beklatscht.

Wir schauen uns Verhaltensweisen von anderen ab. Es ist ein Naturgesetz seit es Leben gibt. Nicht nur das menschliche Gehirn arbeitet so, auch im Tierreich lernen die Jungtiere von den Alten. Jagen, sich verstecken und Futter finden. Und dann wundern wir uns noch darüber, dass wir Menschen uns so manipulativ benehmen oder gewalttätig werden? Wir erkennen es längst nicht mehr als Gewalt oder Manipulation. Die Unheiligen Orte stecken in uns selbst und wir erkennen sie nicht mal mehr als solche.

Nehmen wir einmal den Bereich der Verkaufsförderung. Früher ging es darum einen Artikel, ein Produkt bekannt zu machen. „Hallo, hier bei mir kannst du bekommen, was du benötigst." Inzwischen hat sich das Wesen der Werbung verändert.

Heute geht es darum, Produkte in den Markt zu drücken. Also uns zu zwingen etwas neu zu kaufen, das wir eigentlich bereits haben. Dazu werden in Produkte Lebenszeit begrenzende Faktoren eingebaut. Ein bekanntes Beispiel sind die klassischen Glühbirnen. Ihre Lebensdauer könnte hundert Jahre sein. In einer Feuerwache in San Francisco leuchtet immer noch eine Shelby-Glühbirne und das wahrscheinlich seit 1901. Im Anhang ist die Internet-Adresse angegeben.

In den 1920ern setzten sich die Hersteller von Glühbirnen zusammen und beschlossen auf technischem Wege die Lebensdauer auf 2500 Stunden zu begrenzen. Zuletzt betrug die angegebene Lebensdauer nur noch 1000 Stunden. Gut, diese Art der Glühbirnen ist inzwischen komplett aus dem Handel, nur das ändert nichts an der Vorgehensweise der Hersteller. Heute tauscht man gleich die ganze Lampe aus, weil LEDs sich nicht auswechseln lassen. Soviel zu Manipulation, Nachhaltigkeit und Ressourcenschonung.

Es lässt sich leicht, wenn man hinsehen möchte, bei allen Produkten wiederfinden. Gleichgültig, ob bei Waschmaschinen, Computern oder Autos. Geplante Obsoleszenz lautet der Fachbegriff dafür.

Diese eingebauten Lebensdauerbegrenzungen werden mit einem Hinweis auf höhere Sicherheit, Komfort, Energiesparen oder Umweltfreundlichkeit verkauft, doch das sind eben nur Scheinargumente. Das Wesen dahinter ist die Manipulation in regelmäßigen Abständen diese Gegenstände, Produkte, erneut kaufen zu müssen ohne eine freie Entscheidung darüber zu haben. Das bedeutet auch, sobald wir nicht mehr mitspielen möchten, werden wir auf diese Dinge verzichten müssen. Und da knirscht es im Gebälk. Was denn, wenn ich nicht mehr mitmache? Nehmt euch mal einen Moment um darüber nachzudenken und hinzusehen. Was taucht auf? Welche Gedanken, Ängste, Muster zeigen sich? Wo kommen die eigentlich her? Sind das wirklich meine?

Erkannte und bewusstgewordene Manipulationen wirken, funktionieren nicht mehr. Sobald ich bemerke, hier werde ich gerade manipuliert, weigere ich mich und frage mich dann: Wozu soll das gut sein? Meistens geht es darum, mir mein Geld aus der Tasche zu nehmen für Dinge, deren wirklicher Nutzen fraglich oder absichtlich eingeschränkt ist.

Oder mich zu einem Handeln zu bringen, das ich garnicht will. „Ich habe extra für dich dieses Essen gekocht. Und jetzt willst du es nicht essen!“ „Ich habe dir erzählt, dass ich heute bereits unterwegs gegessen habe und du nichts kochen brauchst.“ So eine banale Szene und doch entsteht meistens ein Schuldgefühl auf der ablehnenden und Ärger auf der leistenden Seite. Emotionale Erpressung heißt solches Verhalten heute.

Wir wollen stets das Leben optimieren, perfekt stromlinienförmig sein und unsere gesellschaftlichen Vorstellungen von Erfolg durch Manipulation und Gewalt erzwingen. Wer da nicht mitmacht oder mitmachen kann ist scheinbar ein Verlierer.

Wir in den westlichen Industrieländern haben so einen hohen Ressourcenverbrauch entwickelt, dass wir inzwischen drei bis vier Erden brauchen. Wir haben aber nur eine. Noch funktioniert es, weil viele Regionen nicht auf unserem Niveau angekommen sind. Aber die Erde ist rund. Als ich neulich meinem Sohn diese Frage stellte, antwortete er nicht ohne Augenzwinkern: „Dann suchen wir uns eben einen neuen Planeten. Elon Musk ist schon dabei.“

Wieder eine kleine Erlebnisgeschichte neulich aus Berlin. Ich übte gerade der inneren Navi zu folgen. Sie führte mich in den Wald zu einem toten Baum. Er war ca. 10 Meter lang, ruhte an beiden Enden auf dem Boden und in der Mitte schwebte er etwa 30 cm frei über der Erde. Ich setzte mich auf die Mitte und plötzlich kam mir die Idee: Ich könnte ja mal auf ihm balancieren. Gedacht, getan. Hoppla, er schwang nicht nur unter meinem Gewicht auf und ab, sondern drehte sich dabei gleichzeitig auch um die Längsachse. Er zappelte hin und her, schwubs war ich wieder unten. Nochmal, nochmal. Ich begann mich über den Baum zu ärgern. Stieg wieder auf, er wackelte heftig. Der Ärger wurde stetig mehr, genau wie das Wackeln. Kurz vor dem nächsten Fall hörte ich innerlich das vertraute Kommando: Ruhe ins Gespann bringen!

Ich bin früher Kutsche gefahren und die erste Regel, wenn sich vorne ein Pferd aufregt, ist: Ruhe ins Gespann bringen, sonst fährt man nicht mehr lange geradeaus.

Sicher überträgt sich die innere Ruhe des Menschen auch über die Leinen und die Stimme. Mehr Einwirkungsmöglichkeiten hat der Kutscher physisch nicht. Aber die innere Haltung überträgt sich viel effektiver über die unsichtbare „Telefonleitung“ zwischen Pferd und Mensch. Jeder Besitzer eines Haustieres weiß ganz genau, was ich meine.

Also auf dem Baum wackelnd, richtete ich mich langsam auf, Beine lang, schwer machen, Ruhe...langsam beruhigte sich die Bewegung des Baumes.

Dann standen der Baum und ich still und mir wurde klar: Selbst gemacht. Der Baum kann gar nichts für die Bewegung. Die Ursache der Bewegung lag ausschließlich bei MIR. Am zweiten Tag des Übens konnte ich die freien 3 Meter auf dem Baumstamm hin und her gehen, mich dabei jedes mal an den Enden umdrehen ohne abzustürzen. *Ruhe im Gespann.*

Die Gelehrten des 16. und 17. Jahrhunderts wie Galileo Galilei, Isaac Newton, Descartes und andere Wissenschaftler in der Zeit hatten den Wunsch herauszufinden wie die Welt und das Leben funktionieren. Die konsequente Anwendung der Regeln der Vernunft und eine schlüssige Beweisführung wurden zur Grundlage jeder wissenschaftlichen Erkenntnis gemacht. Durch die Mathematik und Astronomie entwickelten sie Formeln zur Berechnung der Umlaufbahnen der Planeten um die Sonne. Es entstand das heliozentrische Weltbild und löste die bis dahin gültige Vorstellung von der Erde als Zentrum des Universums ab. Damit verschwand auch die bisherige empirische Sicht der Menschen auf das Leben. Die Sicht aus der Perspektive der Lebenserfahrung. Die neuen Wissenschaftler begannen nach einer Weltformel zu suchen, um die Natur und das Leben zu beherrschen. Im Grunde bestimmt die Idee die Welt funktioniert wie ein Uhrwerk, ganz mechanistisch, noch heute unser Denken und Handeln. Und das obgleich bekannt ist, dass die alten Formeln der Planetenbewegung nicht stimmen. Die Suche nach der Weltformel wird bis heute weitergeführt. In allen Bereichen können wir dieses mechanische Weltbild auch heute wiederfinden. Eine noch stärkere Perfektionierung ist durch die Erfindung der Computer eingetreten. Computer arbeiten streng logisch. Allerdings bisher nur im Rahmen ihrer Programmierungen. Diese Art zu Denken ist inzwischen in fast allen Lebensbereichen anzutreffen. Auch die Erziehung der Kinder wird solchen logischen Regeln unterworfen.Aus dem „Du sollst es mal besser haben als wir“ ist ein starres Konzept des korrekten perfekten Ausbildungsweges für die Kinder geworden. Manchmal ohne Rücksicht auf die Anlagen und Fähigkeiten des Kindes. Dabei sind wir soviel mehr als Menschen. Wir können fühlen.

In der Medizin werden Diagnosen erstellt und vom Patienten als Wahrheit angenommen. Diagnosen sind keine Wahrheit sondern Mittel zum Zweck. Der Zweck ist eine Behandlung festzulegen und durchzuführen. Inzwischen werden jedem Krankheitsbild ICDs (**I**nternational Statistical **C**lassification of **D**iseases and Related Health Problems, deutsch: Internationale statistische Klassifikation der Krankheiten und verwandter Gesundheitsprobleme) zugeordnet. Von jedem ICD und der daraus abgeleiteten Fallpauschale (DRG, Diagnosis Related Groups, deutsch: diagnosebezogene Fallgruppen) hängt für den Arzt oder das Krankenhaus die Bezahlung ihrer Leistungen ab und natürlich auch der legeate Behandlungsweg.

Alle Lebensbereiche und das Gesundheitswesen werden industrialisiert. Fließbandarbeit auch in der Medizin. Durchrationalisiert bis zum Ende als wäre der Mensch auch ein Uhrwerk, ein x-beliebiges Produkt, normiert und stets ohne Gefühle. Ersatzteile einbauen, wenn irgendwas nicht mehr geht. Tabletten einnehmen, wenn ein Krankheitssymptom wie eine Warnleuchte an geht. Warnleuchte herausdrehen - fertig. Symptom ist weg - der Mensch gilt als geheilt.

Wo bleibt der Mensch als Ganzes? Wo bleibt er als fühlendes und wahrnehmendes Wesen? Persönliche Gespräche sind nicht mal mehr mit der Reinigungskraft, geschweige denn mit der Krankenschwester oder dem Krankenpfleger möglich, weil deren Arbeit auch bis ins Letzte durch-ratio-nalisiert (Ratio, lateinisch: der Verstand) wurde. In früheren Zeiten war auch ein vertrauliches Gespräch zwischen Arzt und Patienten ein Teil der ärztlichen Heilkunst. Für viele Ärzte und das Personal ist diese Art der Industrialisierung im Gesundheitswesen ein unhaltbarer und gegen ihren Berufsethos verstoßende Handlungsweise.

Heute finden wir persönliche Zuwendung fast nur noch bei Naturheilverfahren, wie Homöopathie oder Traditioneller Chinesischer Medizin.

Die gesamte Vorgeschichte (Anamnese) des Kranken ist integraler Bestandteil der Diagnostik und nachfolgenden Behandlung dabei. In früheren Zeiten kannte der Arzt noch fast den gesamten Lebensweg seiner Patienten, heute wird nur der Ausschnitt der Symptome betrachtet.

Selbst die meisten schulmedizinischen Patienten halten sich nach dem Verschwinden der Symptome für geheilt. Wenn nach einer Zeit das nächste Symptom auftaucht wird genau so weitergemacht. Eben noch einmal. Ich habe beobachteten dürfen, wie nach dem 40sten Lebensjahr Menschen mit mässigen Beschwerden zum Arzt kommen, Tabletten z.B. Bluthochdrucksenker bekommen und im Laufe der nächsten fünf Jahre bereits dauerhaft täglich eine halbe Apotheke einnehmen, ohne dass sie sich wirklich gut fühlen. Nur damit sie genau so weitermachen können wie sie es bisher gemacht haben - weiterhin zu funktionieren. Heilung ist aus meiner Sicht etwas anderes. Ich durfte auch beobachten, wie unzufrieden ein Patient war als er die Praxis ohne Rezept verlassen sollte. Der Arzt konnte für ihn mit seinen Mitteln nichts mehr tun. Dies ist garnicht so selten der Fall.

Immer wieder konnte ich sehen, wie die Menschen die Verantwortung für ihre Krankheit nur allzu gern bei dem Mediziner abgeben wollen und ärgerlich werden, wenn der Arzt sie nicht übernimmt. Aber niemand, kein Arzt der Welt, kann die Verantwortung für eine Krankheit eines anderen übernehmen. Der Mediziner kann nur zur Seite stehen und sein Wissen, seine Möglichkeiten dem Patienten zur Verfügung stellen. Entweder geschieht dann Heilung oder auch nicht. Heilung ist immer Selbstheilung. Es gibt keine Krankheiten, nur kranke Menschen, um Uwe Albrecht zu zitieren. Natürlich begegne ich in einer Arztpraxis fast nur Menschen, die sich von diesem allgemein akzeptierten Weg der Medizin auch Heilung versprechen. Andere von der Schulmedizin austherapierte chronisch Kranke suchen immer häufiger auch nach anderen Wegen und Behandlungsformen.

Im Zuge der Industrialisierung und Normierung der Medizin werden gern Spontanheilungen ausgeblendet. Sie passen nicht in das Schema. Dennoch geschehen sie. Hinter jeder Krankheit und selbst hinter Unfällen stehen Themen, Lebensthemen. Sind sie erkannt und gelöst kann Heilung eintreten. Geht man diesen spontanen Heilungen nach, so haben die Betroffenen die Verantwortung für ihr Leben wieder selbst in die Hand genommen und in der Folge oftmals ihr Leben und ihr Denken radikal verändert. Für die Umgebung ist das nicht so einfach mitanzusehen bzw. mitzumachen. Die Veränderung macht dann die Krankheit als Warnleuchte überflüssig und Heilung kann geschehen.

Und wieder eine kleine beispielhafte Geschichte aus meinem Leben. Als ich 11 Jahre alt war brach ich mir den linken Oberarm. Der Arm wurde mir an den Oberkörper bandagiert und so ruhiggestellt. Der Bruch heilte ohne Schwierigkeiten. Im weiteren Verlauf meines Lebens vergaß ich den Bruch, da der Arm nie wieder an der Stelle schmerzte. Erst vor einigen Tagen meldete sich der Oberarm mit Schmerzen genau an der verheilten Bruchstelle wieder. Hoppla, was ist das denn?

Inzwischen habe ich gelernt hinzuhören. Das Thema hinter dem Bruch war noch da. Nicht befriedet. Nicht geheilt, obwohl es mehr als 45 Jahre her ist. Es zeigte sich nochmal um endlich bewusst gelöst zu werden. Das Thema des Bruches war die Reglementierung in meinem Elternhaus. Das Gefühl keinen Lebensraum zu haben, sich nicht entfalten zu dürfen. Nicht die Dinge tun zu dürfen, an den ich Freude gehabt hätte, die ich gern ausprobiert hätte. Nicht so sein zu dürfen, wie ich bin. Als ich das damals erkannte, erstarrte ich innerlich, weil ich als 11jähriges Mädchen keine Möglichkeit der Veränderung meiner Lage für mich sah. Der Unfall mit dem Bruch des Armes löste dann die Erstarrung zunächst wieder auf. Nicht aber die Frage nach meinem Raum, dem Raum, den ich für mich als Lebensraum in Anspruch nehmen kann, darf, soll, muss. Mein Elternhaus war damals durchaus liberal im Vergleich zu den Elternhäusern meiner Freunde. Dennoch.

Genau dieses Thema ist im Moment wieder hochaktuell für mich. Welchen Raum erlaube ich mir heute einzunehmen? Wenn ich auch früher begrenzt wurde, so begrenze ich mich heute selbst. Gewohnheit? Konditionierung?

In meinem Leben tauchten diese Raumbegrenzungen wiederholt auf. Unterschiedliche Bühnenbilder, aber stets das gleiche Wesen darin. Ich nahm nur den Raum ein, den andere mir zubilligten. Mal kleiner, mal größer, je nach dem. Heute in der Rückschau wird es erst deutlich. Selten habe ich Raum eingefordert. Ich habe mich zum siebenten Geißlein im Uhrenkasten gemacht. Ich habe mich selbst begrenzt, selbst gemacht, ich selbst trage die Verantwortung dafür. Ein gehorsamer „Untertan" war ich. Ein eigener innerer unheiliger Ort. Ich habe jetzt den Uhrenkasten aufgemacht und das Geißlein befreit. Voller Lebensfreude sprang es hinaus auf die grüne Wiese zu den anderen in den hellen Sonnenschein.

Ich schreibe diese Zeilen Ende Mai 2020. Wir haben inzwischen die ersten Lockerungen nach dem Lockdown durch das Corona-Virus. Die Welt hat sich verändert und ein Zurück in alte Zeiten wird es nicht mehr geben. Es erschüttert mich zu beobachten, wie in den Hauptmedien jede anderslautende Einschätzung der Situation kurzerhand als Verschwörungstheorie deklariert wird.

Dabei lebt eine Demokratie gerade von der Auseinandersetzung mit anderen Meinungen, oder? Bisher glaubte ich in einem Staat mit freiheitlich-demokratischer Grundordnung zu leben. Inzwischen stelle ich mir die Frage, ob es noch so ist. Immer mehr Menschen empfinden es wohl genauso und gehen dafür zunehmend auf die Straße. Auch sie schaffen mit ihrem Bewusstsein ein Feld.

Überspitzter Zwischenruf: Vor einigen Jahren wurde sich lang und breit über ein Vermummungsverbot bei Demonstrationen als Einschränkung der Freiheitsrechte auseinandergesetzt. Heute müssen wir uns Vermummen und dürfen dafür nicht mehr demonstrieren.

In der Zeit vor den ersten Lockerungen konnte ich bei den meisten Menschen eine riesige Angst spüren. Ich konnte wahrnehmen, dass „alle“ nach einer Maskenpflicht riefen.

Es war ein riesiges energetisches Feld entstanden. Trotz der vorher auch in Fachkreisen diskutierten Zweifel an der Nützlichkeit des Tragen eines einfachen Mundschutzes. In den folgenden Tagen beobachtete ich die weiteren Entwicklungen.

Die Bundesregierung sprach eine Empfehlung aus und die Länder führten die Maskenpflicht ein. Nach der Bekanntgabe ging für mein Empfinden durch das Volk, die Menschen, eine riesige Welle der Erleichterung.

Ich fand es bemerkenswert auf welche geschickte Weise die Regierenden dem „Wunsch“ ihres Volkes entsprochen haben. Was war der Grund für die große Angst der Menschen, die zu dem Wunsch nach Maskenpflicht führte? Das Feld und das Feld gewinnt immer.

Welche „Wünsche“ des Volkes werden zukünftig noch entstehen, dem die Regierenden dann gern nachkommen, weil es ja ihre anerkannte Aufgabe ist. Wird der Ruf nach äußeren Regeln sich noch verstärken, weil das innere Vertrauen ins Leben fehlt? Wird weiterhin ein erfülltes sinnvolles Leben an der Höhe des Bankkontos gemessen? Wird irgendwann wieder nach einem Führer verlangt, damit man die Verantwortung für das eigene Leben wieder los wird und die Angst nicht mehr spüren muss? Wieviel „Untertan“ lebt noch in jedem einzelnen von uns? Das hatten wir schon mal und welche Folgen dieser Ruf hatte, können wir in den Geschichtsbüchern nachlesen. Langsam begreife ich wie es zum Dritten Reich kam. Warum so viele mitgemacht haben, obwohl sie unmittelbar die Pogrome in der Nachbarschaft erlebt hatten. Das Zusammentreiben der Nachbarn und die Verladung auf LKW. Auch dahinter stand ein großes energetisches Feld.

Ich weiß nicht, wie ich mich verhalten hätte, wenn ich in den Zeiten gelebt hätte. Ich verurteile die Menschen nicht. Sie hatten für sich die ungefähr gleichen Gründe damals mitzumachen, wie wir heute sie haben, um die Hoffnung zu nähren die Corona-Virus-Epidemie-Zeiten zu ertragen und zu überstehen. Es sind aus meiner Sicht angstbasierte Entscheidungen die Grundlage. Die Angst ist ein schlechter Ratgeber. Sie ruft nach einem äußeren Skelett, damit man die Verantwortung für das eigene Leben abgeben kann. Die Komfortzone zu verlassen ist anstrengend und verunsichernd. Diese Angst der vielen Menschen schafft ein starkes Bewusstseinsfeld. Diese Feld steuert dann das Verhalten auf sehr subtiler, weil unbewusster Ebene. Dazu wird es jeden Tag noch fetter gefüttert. Jede Nachricht in den Medien berührt beim Einzelnen die Angst, jeden Tag vielfach, jeden Tag Futter für das Feld von Millionen Menschen. Die Energie folgt der Aufmerksamkeit des Menschen, weil wir schöpferische Wesen sind. Nur haben wir durch unser materielles Weltbild längst vergessen achtsam zu sein, wen wir ernähren. Bewusstsein schafft Realität.

Insbesondere interessiert mich gerade wie es mit einer Corona-Impfung weitergeht. Innerhalb weniger Monate sind plötzlich alle Pharmakonzerne in der Lage einen Impfstoff herzustellen. Die Testungen auf Wirksamkeit werden als Notfallplan verkürzt, damit er so schnell wie möglich auf den Markt kommen kann. Die im Radio laufenden Berichte über die Verteilung der Impfdosen wecken Begehrlichkeiten bei den ängstlichen Menschen. „Mich schnell in Sicherheit bringen.“ Ist die Sicherheit wahr? Welchen Preis zahlen wir am Ende für diese Panik? Steckt da noch was anderes Unsichtbares dahinter? 40-Jahre Forschung am HIV-Virus und bis heute kein Impfstoff, ups.

Das erinnert mich an eine Reitstunde. Wenn das Pferd nicht dahin gehen will, wo ich hin möchte gilt der gewaltfreie Rat: Mach ihm alle anderen Wege ungemütlich, lass dir Zeit dabei. Am Ende entscheidet sich dann das Pferd für den Weg des geringsten Widerstands und geht dahin wo du willst.

Genauso wird es mit uns gemacht. Wenn du den vollen Haftpflichtschutz deiner Autoversicherung haben willst: Zieh im Winter Winterreifen auf. So ist es vor Jahren eingestellt worden. Heute läuft das gleiche Spiel bei den Impfungen. Lässt du dein Kind nicht gegen Masern impfen, darf es nicht in den Kindergarten. Lässt du dich nicht gegen Corona impfen, darfst du wahrscheinlich bald nicht mehr Reisen oder an Veranstaltungen teilnehmen. Irgendwann vielleicht nicht einmal mehr Einkaufen gehen. Und das alles ohne eine gesetzliche Verpflichtung. Einschränkung der Grundrechte, weil ich „nur" gesund bin? Gleichzeitig wird über die Anzahl der Menschen, die durch bereits anerkannte Impfungen geschädigt wurden, nicht gesprochen. Auch nicht über die immer wieder vorkommende Wirkungslosigkeit. Auch nicht über die Begleitstoffe wie Rinder- oder Hühnereiweiß, die Allergien auslösen können, weil der Körper das tut, was er immer tut - Abwehrstoffe bilden. Dass es bei Impfungen niemals um die Gesundheit des Einzelnen geht, er denkt es bloß. Die Masse geht mit dieser perfekten Manipulation mit. Einfach aus Angst. Unheilige Orte in uns.

Ja, es sterben Menschen an Corona. Ja, es ist eine tückische Krankheit. Möglicherweise noch viel tückischer als bis jetzt bekannt. Möglicherweise sterben noch über lange Zeit Menschen an Corona, die bereits als genesen gelten, durch Spätfolgen, die nicht einmal mehr mit dem Virus in Zusammenhang gebracht werden. Ist es auszuschließen, dass die Impfung nicht möglicherweise die gleichen Spätfolgen hat? Die gleiche Hintertür? Vielleicht hat Mutter Erde damit eine Art Rattengift mit Zeitverzögerung für den Menschen kreiert. Wer weiß? Fühle doch einmal aus Sicht von Mutter Erde in das Virus hinein. Setze es dir virtuell auf die Hand. Es ist weich und fluffig. Nicht bösartig. Wie jedes andere Raubtier auf der Erde auch. Unser Denken macht es erst böse. Die Angst und unser Drang alles „Schlechte" zu bekämpfen erklärt das Virus zum Feind. Mein alter Chef sagte gern: „Wenn du eine Ratte kleiner setzt, wird sie bissig." Diese Art alles einer Jagd zu unterwerfen ist auch ein unheiliger Ort in unserem Inneren.

Wo bleibt die Liebe und Akzeptanz für alles unter der Sonne Lebende, ein heiliger innerer Ort. Für uns selbst nehmen wir ihn ganz selbstverständlich Anspruch. Aber für die anderen lebendigen Wesen auf der Erde, z.B. einen Virus? Auf unsichtbarer Ebene ist Alles mit Allem verbunden.

So tragisch es auch ist,für jeden von uns einen geliebten Menschen zu verlieren. Niemand unter der Sonne entgeht dieser Erfahrung. Früher oder später geschieht es. Und das seit es Menschen gibt. Keiner von uns weiß, wann seine Stunde schlägt. Nur in unserem Kopf haben wir den Gedanken: Es ist immer zu früh. Zu Sterben ist anscheinend in den Augen der meisten Menschen der größte Fehler, den wir machen können. Dabei ist der Tod das Einzige was sicher ist im Leben, alles andere ist offen. Aus meiner Sicht stirbt niemand zum falschen Zeitpunkt. Unmöglich. Wenn fertig, dann fertig. Was wissen wir schon vom Plan unserer Seele, geschweige denn von den Plänen einer anderen Seele? So, wie wir mit unserem Planeten umgehen, erscheint es mir nur natürlich, dass die Natur, die Schöpfung, das Lebendige regulierend eingreift. So wie sie es seit ewigen Zeiten tut um das Gleichgewicht aufrecht zu erhalten. Auch wir Menschen sind ein Teil, nur ein winziger Teil, der lebendigen Natur. Wir unterliegen, genau wie alles andere Lebendige, den seit ewigen Zeiten bestehenden Naturgesetzen und das gleichgültig, ob wir sie kennen oder nicht.

Die Harmonie, die zwischen zwei lebenden Wesen entstehen kann, wenn sie von Herz zu Herz verbunden sind habe ich auch fühlen dürfen. Beim Reiten habe ich dieses Einssein mit dem Pferd mehrfach erlebt. In dem Augenblick braucht der Mensch nur denken und das Pferd macht. Dabei ist es völlig gleichgültig, ob es um Dressurlektionen geht oder beim Ausreiten ist. Gegenseitiges tiefstes Vertrauen ist dafür eine Grundvoraussetzung. Nicht Machtspiele, Gewalt oder Dominanz. Mit einfachen Worte: Eine tiefe Liebesbeziehung zwischen zwei lebenden Wesen. Ein heiliger Moment, ein heiliger Ort.

Nachgedanken

Früher galt Meditation als religiöse Übung von indischen Yogis oder japanischen Samurai. Inzwischen wurde sie mehr oder weniger Modeerscheinung. In den letzten Jahren wurden an verschiedenen Universitäten weltweit wissenschaftliche Studien zur Wirksamkeit von regelmäßiger Meditation durchgeführt. Sie wiesen in Hirn-Scans Veränderungen an den grauen Zellen nach. Stress- und angstverarbeitende Regionen im Gehirn wurden kleiner und der Hippocampus als Gedächtnisspeicher wurde größer. Schmerz wurde wirksamer gelindert als durch Placebos.

Gemeinsame Meditation von darin Geübten kann die Realität verändern, dies wurde durch viele Versuche nachgewiesen. Veränderung des umgebenden Feldes. An einer amerikanischen Schule in einem Krisenviertel wird vor und nach dem Unterricht jeweils für 15 Minuten von den Schülern und Lehrern meditiert. Die Gewalt an der Schule ging zurück und die Lernerfolge wurden größer. Meditation führt zurück in einen Zustand des Sein. Im Sein können wir wieder die Verbindung zur Quelle allen Lebendigens spüren. Dort ist dann Frieden.

Bei einer echten Begegnung von Menschenherz zu Menschenherz in Akzeptanz kehrt Frieden und Verständnis füreinander ein. Für Manipulation, Gewalt oder Disharmonie ist dort kein Platz mehr. Der Weltfrieden fängt im eigenen Herzen an. Ein heiliger Ort – der zu jeder Zeit von uns aufgesucht werden kann.

Umso mehr freut es mich, dass es noch zugängliche reale Orte gibt, die anders sind. An den man wieder sein Herz spüren kann und Frieden findet. Die jedem Menschen Raum geben sich zu entladen und zu meditieren. Friedlich, lebendig und in der Liebe.

Ich wünsche jedem Menschen seinen Zugang zu so einem Ort zu finden. Vielleicht ist ja auch einer von den vorgestellten Plätzen für dich dabei. Es würde mich freuen.

Nicht-magische Sehenswürdigkeiten

Wenn man denn schon mal in der Lüneburger Heide ist und genug von heiligen Orten hat, macht ein Ausflug zu anderen Sehenswürdigkeiten zur Abwechslung vielleicht ja auch Spaß. Hier eine nicht abschließende Auswahl:

Renaissancekirche Stellichte:

Terminvereinbarung zur Besichtigung und Kirchenführung bei der Küsterin, Frau Iris Borchert, Stellichte 39, 29664 Walsrode, Tel: 05168-309

Landschaftlich schöne Orte:

Natürlich der **Wilseder Berg mit dem Totengrund** mitten im größten zusammenhängenden Heide-Naturschutzgebiet. Sicher auch ein Ort mit Sound, aber nicht voll öffentlich zugänglich, dort wo es interessant ist. Der Wilseder Berg ist mit 169,2 m die höchste Erhebung in der Lüneburger Heide. Der Ort Wilsede ist autofrei mitten im Naturschutzgebiet gelegen. Von Nieder- und Oberhaverbeck kann man zu Fuß, per Fahrrad oder mit der Kutsche zum Wilseder Berg gelangen. Von den Orten Döhle und Undeloh werden auch Kutschfahrten, Wanderungen oder Radtouren angeboten. Umfangreiche Beschreibungen findet man in jedem Heide-Reiseführer. Gastronomie ist natürlich auch vor Ort.

Das **Piezmoor** in Schneverdingen,
die **Heideflächen „Höpen“** nördlich von Schneverdingen, mit Kutschfahrten,
die **Heideflächen** bei **Reinsehlen** bei Schneverdingen,
die **Krelinger Heide** zwischen Walsrode und der A27,
der **Wacholderhain Schmarbecker Heide** bei Faßberg,
Cordinger Mühle, Benefeld, Idyllische Wassermühle,
Archäologischer Wanderpfad der Fischbeker Heide www.amh.de
Verdener Dünen, Stadtwald Verden, www.verden.de

Sehenswerte Städte:
Altstadt Lüneburg mit Holzkran am Hafen
Altstadt Celle mit Schloss und Kapelle
Natürlich gibt es noch weitere Heide-Kleinstädte:
u. a. Walsrode, Bad Fallingbostel, Soltau, Schneverdingen, Munster, Bispingen und Buchholz/Nordheide

Hier ein paar andere Empfehlungen:
Die **Kunststätte Bossard** bei Jesteburg in der Nordheide. Dort hat das Hamburger Künstlerehepaar Johann Michael Bossard und seine Frau Jutta Bossard-Krull auf 3 ha Heideland ein Gesamtkunstwerk geschaffen. Vom Garten über Skulpturen und expressionistische Wandmalereien bis hin zum Kaffeegeschirr reichen die Arbeiten dieser beiden Bildhauer. Ab 1913 entstand ein einzigartiges Gebäudeensemble nach eigenen Entwürfen. Im Cafe wird selbstgebackener Kuchen angeboten.
www.bossard.de

Iserhatsche - das Heidekastell in Bispingen
Die frühere Jagdvilla von Erwin Nolle auf 23 ha Heide umgestaltet zu einem Erlebnis. Garten, Kunst, Kultur und Sammelsurium an einem Platz. Unbeschreiblich.
www.iserhatsche.de

Restaurants und / oder Unterkunft:
„Utspann" Bad Fallingbostel, mit Buchweizentorte, Heidschnuckengerichten. Die Familie zum Berge führt auch Kutschfahrten durch, hat eine eigene Hannoversches Kaltblutzucht und Heidschnuckenherde.
Quintusstr. 13, 29683 Bad Fallingbostel, Tel: 05162/2114
www.utspann.info

Hotel Walsroder Hof, mitten in Walsrode gelegen,
Lange Str. 48, 29664 Walsrode, Tel: 05161/5810
2 min zu Fuß zum Kloster
www.walsroderhof.de

Waldgaststätte Eckernworth
hier hat schon Hermann Löns gewohnt,
Forellen- und Heidschnuckengerichte,
Hermann-Löns-Str. 19, 29664 Walsrode, Tel. 05161-5761
www.eckernworth.de

Idyllische Unterkunft in der Ferienwohnung der alten
Wassermühle in Rutenmühlen, Neuenkirchen
www.rutenmuehle.de

Landgasthaus Eichenkrug, Uwe Bergmann, Unter den Eichen 10,
OT Dehnsen bei Amelinghausen,
Tel: 04132-427, Wildgerichte und besondere Atmosphäre,
Pension. www.eichenkrug.de

Cafe im Speicher in Etzen an der B209 kurz vor Amelinghausen
mit Kaffee und Torten, Hofmuseum
www.cafe-im-speicher.info

Museen:
Museum Oldendorf/Luhe, Wohnungen für die Ewigkeit,
Archäologisches Museum, Bad Fallingbostel
Haus der Heidmark, Bad Fallingbostel
Heidemuseum Rischmannshof, Walsrode
Spielzeug Museum, Soltau
Salzmuseum, Soltau

Kirchen:
St. Georg-Kirche Meinerdingen, auch 1000 Jahre alt.
die kleine **Gutskapelle Wense**,in der Nähe von Mengebostel,
Schlüssel beim Forstamt gegenüber
St. Martin Kirche, Raven, aus dem 14. Jahrhundert
Ramelsloh, ähnlich alt, freistehender Glockenturm
Eine-Welt-Kirche in Schneverdingen, zur EXPO 2000 entstanden.
Dort wird Erde aus aller Welt gesammelt und ausgestellt.
Schlosskapelle im Celler Schloss

Freizeitparks im Umkreis:
Bispingen - Center Park, Snowdome und
Ralf Schumacher Kart-Bahn
Nindorf - Wildpark Lüneburger Heide
Soltau - Heidepark,
Walsrode - weltgrößter Vogelpark
Hodenhagen - Serengetipark
Verden - Magic Park
Dörverden - Wolfscenter

Schwimmbäder:
Soltau-Therme, Solebad, Hallenbad, Sauna
Schneverdingen, Quellenbad, weitgehend natürliches Freibad
Walsrode-Düshorn, Freibad im Baggersee
Südsee-Camp, Wietzendorf tropisches Hallenbad und Badesee

Außerhalb der Heide:
Großsteingräber, Schalensteine:
Langbett in **Grundoldendorf,** Gemeinde Apensen, Ldkr. Stade
Karlsstein, Stein mit Handabdruck, Staatsforst Rosengarten, nördlich der Rosengartenstraße, Ldkr. Harburg

Museen und Wildpark:
Emsland Moormuseum, 49744 Geeste/Groß Hesepe, Geeststr. 6
www.moormuseum.de
Freilichtmuseum am Kiekeberg, Am Kiekeberg 1, 21224 Rosengarten-Ehestorf, www.kiekeberg-museum.de
der **Wildpark Schwarze Berge,** Am Wildpark 1,21224 Rosengarten-Vahrendorf, www.wildpark-schwarze-berge.de

Archäologische Museum Hamburg früher **Helms-Museum** für Vor- und Frühgeschichte, Hamburg-Harburg
Das Museum war federführend für die Ausgrabungen und Restaurierungen der Megalithanlagen in den 60ger und 70ger Jahren des 20. Jahrhunderts hier in der Heide und darüber hinaus. www.amh.de

Literaturverzeichnis

Uwe Albrecht Inner Wise® Heilung für alles Lebendige: Die neue Methode energetischer Heilung verstehen und lernen, Allegra 2012, ISBN 978-354-874566-4

Uwe Albrecht, Intuitive Diagnostik, die evolutionäre Inner Wise®-Methode, Knaur Verlag 2015, ISBN 978-3-426-65766-9

Uwe Albrecht, Intuitive Heilung, die evolutinoäre Inner Wise®-Methode, Knaur Verlag 2016, ISBN 978-3-426-65795-9

Gisela Graichen, Das Kultplatzbuch, Ein Führer zu den alten Opferplätzen, Heiligtümer und Kultstätten in Deutschland, Hoffmann und Campe 1988, ISBN 3-426-04054-9

Führer zu vor- und frühgeschichtlichen Denkmälern, Band 7, Hamburg-Harburg, Sachsenwald, Nördliche Lüneburger Heide, Hrsg. Römisch-Germanisches Zentralmuseum Mainz, Verlag Zabern Auflage 1979, ISBN 3-8053-0122-7

Bergold & Preuß, Das Kato-Prinzip-Spielend Leben Grundlagen, Montaurum, ISBN 978-3-741832741

Bergold & Preuß, Das Kato-Prinzip des Da-Seins, Montaurum, ISBN 978-37418-3275-8

David Luczyn, Magisch Reisen Deutschland - wo die Seele Kraft tankt, Kopp-Verlag 2001, ISBN 978-3-86445-067-9

Abd-ru-shin, Im Lichte der Wahrheit, Teil 1 bis 3,Stiftung Gralsbotschaft, 29. Auflage März 2017, ISBN 978-3878606567

Marco Pogacnik, Schule der Geomantie, Droemer-Knaur, ISBN: 9783426870334

Jean Liedloff, Auf der Suche nach dem verlorenen Glück, Gegen die Zerstörung der Glücksfähigkeit in der frühen Kindheit, beck´sche Reihe Auflage 1995 ISBN 978-3-406-58587-6

Andrew Weil, Spontanheilung, die Heilung kommt von innen. C. Bertelsmann, Auflage 1995 ISBN 978-3572009213

Ulrich Warnke, Die geheime Macht der Psyche, Quantenphilosophie: Die Renaissance der Urmedizin, Scorpio ISBN 978-3-943416-72-5

Robert M. Pirsig, Zen und die Kunst ein Motorrad zu warten, Fischerverlag Taschenbiliothek 1976, ISBN 978-3-596-52159-3

Marlo Morgan, Der Traumfänger, Die Reise einer Frau in die Welt der Aborigines,- Goldmann-Verlag, 1. Januar 1998, ISBN 978-3442437405

Hirigoyen, Marie-France, Die Masken der Niedertracht, Seelische Gewalt im Alltag und wie man sich dagegen wehren kann. Deutscher Taschenbuchverlag 1. September 2002 ISBN 978-3423362887

Willi Bunke, Der lange Weg vom Hof zum Dorf, Selbstverlag 2004, ISBN ohne

Paramahansa Yogananda, Autobiographie eines Yogi, Otto Wilhelm Barth-Verlag, 10.deutsche Auflage 1977, ISBN ohne

Thieme, Dörte, Trau keinem, der dein Bestes will - emotionale Erpressung erkennen - durchschauen -beenden, tredition, 23.Oktober 2017 ISBN 978-3732311880

Internet-Adressen

www.centennialbulb.org - die über hundertjährige Glühbirne in San Francisco

www.lueneburger-heide.de - Pilgerwege in der Heide

www.kloster-walsrode.de

www.innerwise.eu

www.bossard.de

www.iserhatsche.de

www.amh.de - Archäologischer Wanderpfad, Ausstellungen zur Vorzeit

Anhang

Renaissancekirche Stellichte:

Terminvereinbarung
zur Besichtigung und Kirchenführung bei der Küsterin:
Frau Iris Borchert, Stellichte 39, 29664 Walsrode, Tel: 05168-309

Alle Fotos stammen von mir.

Das Titelbild wurde in der Oldendorfer Totenstatt aufgenommen.

Über mich

Mein Name ist Kirsten Fock, Jahrgang 1961.

Ich bin geboren in Hamburg-Harburg und aufgewachsen in Hamburg-Fischbek. Mehr als 30 Jahren lebte ich in Walsrode in der Südheide. Meine zwei Söhne und eine Tochter sind erwachsen. Ich bin geschieden. 30 Jahre habe ich als Bilanzbuchhalterin gearbeitet, davon 12 Jahre in der Geschäftsführung eines mittelständischen Walsroder Unternehmens. Weiterhin habe ich eine Ausbildung als Grafik-Designerin. Heute bringe ich lieber Texte als Zahlen in eine Form.

Wie soll es anders sein, im Pferdeland Niedersachsen, hatte ich viele Jahre Pferde, kann reiten und Kutsche fahren. Das Landleben und die Pferde brachten mir die Natur mit allem Lebendigen darin unmittelbar nahe.

Gern bin ich auch bereit individuelle Führungen und Pilgerwege für Einzelne oder Gruppen durchzuführen. Einfach eine E-Mail an info@verlagshaus-fock.de mit dem Gewünschten zur Terminvereinbarung senden.

Autoren gesucht

Das Verlagshaus Fock

Manuskript verlegt?

Gemeinsam finden wir es wieder...

fertig gedruckt im Buchhandel

auch als E-book , alles mit ISBN

Sie suchen einen Buchmacher?

Wir wetten nicht, aber machen Bücher

Kleines, aber feines Verlagshaus sucht Autoren

Jedes Genre ist möglich:

Ob Papas oder Mamas Geschichten oder ein spannender Krimi, Fantasy, Science fiction, gefühlvolle Liebesgeschichte, Malbuch für Menschen oder verschiedenste Sachbücher.

Einfach anfragen unter

info@verlagshaus-fock.de